Herbert Donner und Wolfgang Röllig
Kanaanäische und aramäische Inschriften 1

Herbert Donner und Wolfgang Röllig

Kanaanäische und aramäische Inschriften

Band 1

5., erweiterte und überarbeitete Auflage

2002

Harrassowitz Verlag · Wiesbaden

Bibliografische Information Der Deutschen Bibliothek:
Die Deutsche Bibliothek verzeichnet diese Publikation in der Deutschen
Nationalbibliografie; detaillierte bibliografische Daten sind im Internet
über https://dnb.de abrufbar.

Bibliographic information published by Die Deutsche Bibliothek:
Die Deutsche Bibliothek lists this publication in the Deutsche
Nationalbibliografie; detailed bibliographic data is available on the
internet at https://dnb.de.

Informationen zum Verlagsprogramm finden Sie unter
https://www.harrassowitz.de/verlag

© Otto Harrassowitz GmbH & Co. KG, Wiesbaden 2002, 2025
Kreuzberger Ring 7c-d, 65205 Wiesbaden, produktsicherheit.verlag@harrassowitz.de
Das Werk einschließlich aller seiner Teile ist urheberrechtlich geschützt.
Jede Verwertung außerhalb der engen Grenzen des Urheberrechtsgesetzes ist ohne
Zustimmung des Verlages unzulässig und strafbar. Das gilt insbesondere
für Vervielfältigungen jeder Art, Übersetzungen, Mikroverfilmungen und
für die Einspeicherung in elektronische Systeme.
Gedruckt auf alterungsbeständigem Papier.
Druck und Verarbeitung: docupoint, Magdeburg
Printed in Germany
ISBN 978-3-447-04587-2

Inhaltsverzeichnis

Vorwort zur 1. Auflage		XI–XII
Vorwort zur 5. Auflage		XIII-XIV
Textkonkordanz		XV–XVIII

A. Phönizische Inschriften

I. Inschriften des Mutterlandes

1–12	a) Byblos	1–3
13–16	b) Sidon	3–4
17	c) Tyros	4
18	d) Umm el-ʿAwāmīd	4
19	e) Maʿṣūb	4
20	f) Rueisseh	4
21	g) El-Ḥaḍr	4
22	h) Herkunft unbekannt (Libanon)	5

II. Inschriften aus Syrien und Kleinasien

23	a) Hasanbeyli	5
24–25	b) Zincirli	5
26	c) Karatepe	6–7
27	d) Arslan Taş	7–8
28	e) Karkemisch	8
29	f) Ur	8

III. Inschriften der Inseln

1. Zypern

30	a) Herkunft unbekannt	8
31	b) Limassol	8
32–37	c) Kition	8–9
38–40	d) Idalion	9–10
41	e) Tamassos	10–11
42–43	f) Lapethos	11

2. Rhodos

44–45		12

3. Sardinien

46	a) Nora	12

	4. Malta	
47	a) Marsa Scirocco	12

IV. Inschriften aus Ägypten

48	a) Memphis	12
49	b) Abydos	13
50	c) Saqqāra	14
51–52	d) Herkunft unbekannt	14

V. Inschriften aus Attika

53–55	a) Athen	15
56–60	b) Piräus	15–16

B. Punische Inschriften

I. Inschriften der Inseln

1. Malta

61–62	. . . .	17

2. Sizilien

63	a) Marsala	17

3. Sardinien

64–65	a) Cagliari	17
66	b) S. Nicolò Gerrei	18
67	c) Tharros	18
68	d) Terranova-Pausania	18

II. Inschriften auf dem europäischen Festlande

1. Frankreich

69	a) Marseille	18–19
70	b) Avignon	19

2. Spanien

71	a) Cádiz	19
72	b) Ibiza	19

III. Inschriften Afrikas

73–96	a) Karthago	19–23
97–99	b) Sousse	23
100–101	c) Dougga	23–24
102–116	d) Constantine	24–26

C. Neupunische Inschriften

I. Inschriften Afrikas

1. Libyen

117	a) El-Amrūni	27
118	b) Rās el-Ḥaddāǧia	27
119–132	c) Leptis Magna	27–31

2. Tunesien

133–136	a) Herkunft unbekannt	31
137	b) Bir Bou-Rekba	31
138	c) Bir Tlelsa	31
139	d) Bordj Hellal	31
140	e) Dschebel Manṣūr	32
141	f) Dschebel Massoudj	32
142	g) Henschir Brirht	32
143–144	h) Henschir Guergour	32
145–153	i) Henschir Maktar	33–34
154–158	j) Henschir Medēd	34–35
159–160	k) Henschir Medeine	35

3. Algerien

161	a) Cherchel	36
162–164	b) Constantine	36
165	c) Guelaa bou Sba	36
166–169	d) Guelma	36–37
170	e) Kap Djinet	37
171	f) Kef Bezioun	37

II. Inschriften aus Sardinien

172	a) Sulci	37
173	b) Bitia	37

Anhang

I. Phönizische und punische Inschriften in griechischer Schrift

174	a) Wasṭa	38
175–177	b) Constantine	38

II. Latino-libysche Inschriften

178	a) Leptis Magna	38
179	b) Bir Šemech	38
180	c) Sirte	39

D. Moabitische Inschrift

181	Dībān	41–42

E. Hebräische Inschriften

182 a) Gezer . . . 43
183–188 b) Samaria . . . 43
189–191 c) Jerusalem . . . 44
192–199 d) Lachisch . . . 44–45
200 e) Yavneh-Yam . . . 46

F. Aramäische Inschriften

I. Inschriften aus Syrien und der arabischen Wüste

201 Brēdsch . . . 47
202 Āfis . . . 47–48
203–213 Ḥama (Graffiti) . . . 48–49
214 Zincirli (Panammuwa I.) . . . 49–50
215 Zincirli (Panammuwa II.) . . . 50–51
216–221 Zincirli (Barrākib) . . . 51–52
222–224 Sfīre (Stelen) . . . 52–57
225–226 Nērab . . . 57
227 Sfīre(?) . . . 57
228–230 Tēmā . . . 58

II. Inschriften aus Assyrien

231 Tell Halāf („Altärchen") . . . 58
232 Arslan Taş . . . 58
233 Assur (Ostrakon) . . . 58–59
234–236 Assur (Tontafeln) . . . 59–60
237–257 Hatra . . . 60–63

III. Inschriften aus Kleinasien

258 Kesecek Köyü . . . 63
259 Gözne . . . 63
260 Sardes (Bilinguis) . . . 63
261 Saraïdin . . . 64
262 Limyra (Bilinguis) . . . 64
263 Abydos . . . 64
264 Arebsun . . . 64
265 Faraşa (Bilinguis) . . . 64

IV. Inschriften aus Ägypten

266 Saqqāra (Papyrus) . . . 64–65
267 Saqqāra . . . 65
268 Memphis . . . 65
269 Carpentras . . . 65
270–271 Elephantine (Ostraka) . . . 65–66
272 CIS II 142 . . . 66

V. Inschriften aus den Randgebieten

273	Taxila-Sirkap (Pakistan)	66
274	See Sevan (Armenien)	66
276	Armazi (Bilinguis. Georgien)	67

G. Nachträge

26	Karatepe, Bauinschrift D	67
277	Phönizische Inschrift aus Pyrgi	67
278	Aramäische Inschrift aus Bahadırlı, Kilikien (Hierapolis-Castabala)	67
279	Kandahar (Griechisch-aramäische Bilinguis, Afghanistan)	68

Ergänzungen

H. Phönizische Inschriften

I. Inschriften des Mutterlandes

280	a) Byblos (Byblos 13)	69
281–283	b) Sidon	69–70
284	c) Tyros	70
285	d) Sarepta (Tinnit-Inschrift)	70
286	e) Tel Miqne	70

II. Inschriften aus Syrien und Kleinasien

287	a) Cebelireis Dağı	70–71

III. Inschriften der Inseln

1. Zypern

288–290	a) Kition	71

2. Kreta

291	a) Tekke	71

3. Kos

292	(Bilingue)	71–72

IV. Inschriften aus Griechenland

293	a) Demetrias	72

V. Inschriften auf dem europäischen Festland

294	a) Sevilla (Hispania 14)	72

I. Punische Inschriften

I. Inschriften der Inseln

1. Sizilien

295	a) Grotta Regina (Nr. 38 A)	72
296–298	b) Mozia (Nr. 23, 24, 31)	72

2. Sardinien

299–301	a) Antas (Nr. 1–3)	72–73

II. Inschriften Afrikas

302–303	a) Karthago	73
304–305	b) Latino-punische Inschriften	73

K. Moabitische Inschrift

306	a) Kerak	74

L. Ammonitische Inschriften

307	a) Amman (Citadel-inscription)	74
308	b) Tall Siran	74

M. Aramäische Inschriften

I. Inschriften aus Syrien und Palästina

309	a) Tall Faḫarīye (Bilingue)	74–75
310	b) Tall Dan	76
311	c) Arslan Tash/Samos	76
312	d) Deir ʻAllā (Plaster-inscription)	76–77
313–314	e) Tall Šēḫ Ḥamad	77
315	f) Tall Šouk Foqāni	77
316–317	g) Herkunft unbekannt	77–78

II. Inschriften aus Kleinasien

318	a) Daskyleion	78
319	b) Xanthos (Trilingue)	78–79

III. Inschriften aus den Randgebieten

320	a) Būkān	79

Vorwort zur 1. Auflage

Seit dem Erscheinen von Mark Lidzbarskis "Handbuch der Nordsemitischen Epigraphik" (1898) und G. A. Cooke's "Text-Book of North-Semitic Inscriptions" (1903) ist es bis zum gegenwärtigen Zeitpunkt nicht wieder unternommen worden, das nordwestsemitische Inschriftenmaterial gesammelt und kommentiert herauszugeben, um es Forschern und Studenten zugänglich zu machen. Inzwischen ist nun das Material erheblich angewachsen, so daß sich die Vorlage der neu zutage getretenen Texte im Rahmen einer Bearbeitung der bereits bekannten als notwendig und wünschenswert erweist. Dies um so mehr, als die Texte vielfach verstreut und an entlegenen Orten publiziert worden sind, an die nicht immer leicht heranzukommen ist.

Um diesem Desideratum mit Rücksicht auf die Bedürfnisse von Forschung und Lehre abzuhelfen, legen wir hiermit unter dem Titel "Kanaanäische und aramäische Inschriften" (KAI) eine Auswahl aus dem gesamten Bestande der einschlägigen Texte vor. Daß eine Auswahl dieser Art subjektiv ist, versteht sich von selbst. Manches wird anderen entbehrlich erscheinen; manches wird der eine oder andere vermissen. Wir hoffen jedoch, keinen der Texte von hinlänglicher Bedeutung übersehen zu haben. Eine vollständige Sammlung muß dem unentbehrlichen Corpus Inscriptionum Semiticarum (CIS) vorbehalten bleiben. Die Anordnung wurde nach geographischen Gesichtspunkten vorgenommen; innerhalb der geographisch begrenzten Gruppen nach Möglichkeit chronologisch. Natürlich kann diese Ordnung Anlaß zu kritischen Bedenken geben. Wir haben uns für sie nicht aus traditionellen, sondern aus sachlichen Gründen entschieden; sie erwies sich als übersichtlich, zweckmäßig und zuweilen auch lehrreich. So kann etwa aus den Inschriften von Byblos in ihrer chronologischen Reihenfolge nicht allein ein Abriß der Stadtgeschichte gewonnen werden; es läßt sich darüber hinaus auch die Entwicklung des "Dialektes" dieser Stadt in einzelnen Erscheinungen verfolgen. Ein besonderer Abschnitt für das Neupunische erschien sprachwissenschaftlich nicht ohne weiteres gerechtfertigt, aber aus praktischen Gründen erwünscht, um den punischen Teil nicht zu umfangreich werden zu lassen. Obgleich die Grenzen fließend sind, eignen dieser Spätstufe des Punischen doch mancherlei Besonderheiten, die eine Trennung von den Texten der "klassischen" Sprache sinnvoll erscheinen lassen. Im aramäischen Teil empfahl sich von vornherein eine Beschränkung auf das Inschriftenmaterial außerhalb der Papyrusurkunden, Ostraka und Tontafeln; dies um so eher, als repräsentative Sammelwerke für die aramäischen Papyri und Ostraka entweder schon vorliegen oder anderwärts in Vorbereitung sind. Nur selten ist von diesem Prinzip abgegangen worden, dann etwa, wenn die Aufnahme eines an entlegener Stelle veröffentlichten Papyrus oder Ostrakons eine sachliche Abrundung des Bildes versprach. Die Steininschriften vom Anfang des 1. vorchristlichen Jahrtausends bis zum Beginn der Epoche des persischen Großreiches sind vollständig vertreten, die inschriftlichen Zeugnisse des uferlosen "reichsaramäischen" Stromes dagegen nur in Auswahl. So haben wir die umfangreichen Corpora der nabatäischen und palmyrenischen Inschriften, natürlich auch die Papyri von Elephantine, nicht berücksichtigt.

Wir haben uns in allen Teilen bemüht, die vielfältig verstreute Literatur in möglichst weitgehendem Umfange zu verwerten. Selbstverständlich ist nicht alle Literatur, die wir benutzen konnten, in die Diskussion des Kommentars eingegangen. Der uns zur Verfügung stehende Raum verbot oft eine breite Erörterung der sprachlichen und historischen Probleme. Die Neubearbeitung von Ch.-F. Jeans "Dictionnaire des inscriptions sémitiques de l'ouest" durch J. Hoftijzer wurde uns erst nach Abschluß des Manuskriptes bekannt und konnte nur noch gelegentlich zu Rate gezogen werden.

Die Anlage des Werkes in drei Bänden soll dem Benutzer die Möglichkeit verschaffen, unabhängig von Kommentar und Übersetzung zu arbeiten. Die Beigabe von Übersetzungen schien uns allerdings unumgänglich, um unsere Auffassung deutlich hervortreten zu lassen und dem Fernerstehenden einen Einblick in das oft spröde Material altsemitischer Texte zu vermitteln.

Wir bitten, einige drucktechnische Einzelheiten zu beachten. Die Texte sind mit wenigen Ausnahmen aus Gründen der Raumersparnis fortlaufend gesetzt worden. Bei Wörtern, die über das Zeilenende hinaus in den Anfang der nächsten Zeile hineinreichen, ist die Zeilenzahl inmitten des Wortes belassen. Der Circellus kennzeichnet schwer lesbare (Zerstörung, Rasur), aber sicher ergänzbare Buchstaben. Für undeutbare Zeichenreste steht ֗. Punkte in eckigen Klammern entsprechen der geschätzten Anzahl verlorener Buchstaben, während für unbestimmbar große Lücken freier Raum gelassen wurde. Ein schräger Strich zwischen zwei oder mehreren Buchstaben (z.B. ר/ד/ב) stellt verschiedene paläographische Möglichkeiten zur Wahl. Ergänzungen sind in eckigen Klammern mitgeteilt. In den Übersetzungen sind unsichere Wörter oder Sätze durch Kursivsatz gekennzeichnet; die Unsicherheit kann durch ein beigefügtes Fragezeichen noch unterstrichen werden. An allen diesen leider recht zahlreichen Stellen ist mit Nachdruck vor unbedachter Übernahme zu warnen. Eigennamen, deren Aussprache nicht, nur ungenügend oder widersprüchlich bezeugt ist, werden nur in Transkription des Konsonantengerüstes geboten. Hinweise zu ihrer Lesung finden sich zumeist im Kommentar. Das Glossar berücksichtigt nur die Grundbedeutungen der Wörter, bei Verben auch der Stammesmodifikationen, verzichtet aber bewußt auf idiomatische Wendungen usw. Zur Ergänzung sei auf das oben genannte Lexikon verwiesen. Um den Schwierigkeiten der verschiedenen grammatischen Terminologien zu entgehen, werden die Stammesmodifikationen wie im Akkadischen als Grundstamm (G), Doppelungsstamm (D), Kausativstamm (K) und N-Stamm (N) angeführt.

Die Verantwortung für den kanaanäischen Teil trägt W. Röllig, für den aramäischen H. Donner. Herr Prof. Dr. O. Rössler hat sich freundlicherweise bereit erklärt, aus seinem eigenen Forschungsgebiet einen Kommentar zu den numidischen Texten einiger Bilinguen (Nr. 100; 101; 153) beizusteuern und hat damit das Werk wesentlich bereichert. Unser Dank gilt vor allem Herrn Prof. Dr. Johannes Friedrich, von dem die Anregung zu dieser Inschriftensammlung ausgegangen ist und der sie mit seiner intimen Kenntnis der Materie nachhaltig gefördert hat. Seine reichhaltige Sammlung von Sonderdrucken, die uns zur Verfügung stand, hat uns die Arbeit sehr erleichtert. Damit sei zugleich auch allen Gelehrten gedankt, deren Bemühungen das Verständnis der Texte gefördert haben; der Kundige wird die Resultate ihrer Arbeit in jeder Zeile dieses Buches spüren. Dem Verlag Otto Harrassowitz, Wiesbaden, danken wir für die Aufnahme des Werkes in das Verlagsprogramm und nicht zuletzt der Deutschen Forschungsgemeinschaft für den namhaften Druckkostenzuschuß, der das Erscheinen des Werkes überhaupt erst möglich gemacht hat.

Göttingen/Münster	Herbert Donner
im Herbst 1961	Wolfgang Röllig

Vorwort zur 5. Auflage

Vierzig Jahre nach dem Erscheinen der ersten Auflage des 1. Bandes von KAI wird hiermit eine revidierte und erweiterte Fassung zunächst dieses Bandes unseres Handbuches vorgelegt. Sie soll das seit langem vergriffene Buch für Forschung und Lehre wieder zugänglich machen. Wir hielten das für notwendig, da nach wie vor der Bedarf an einem zusammenfassenden Referenzwerk auf dem Gebiet der nordwest-semitischen Epigraphik besteht. So werden die früheren Auflagen von KAI in Handbüchern ständig zitiert, auch wenn sie dem durchaus vorhandenen Fortschritt in unserer Disziplin nicht mehr genügen konnten. Das gilt einerseits von den bereits vorgelegten Texten, die aufgrund der Forschungsarbeit der letzten Jahrzehnte nicht unwesentlich in Lesung und Deutung verbessert werden konnten. Das gilt andererseits von Texten, die bisher nicht in KAI erschienen, weil sie erst nach dem Erscheinen der letzten erweiterten Auflage entdeckt oder veröffentlicht wurden bzw. - wie CIS I 5510 (hier Nr. 302) - durch eine neue Deutung eine besondere Aktualität erhielten.

Die Texte der früheren Auflagen wurden erneut überprüft und aufgrund neuer Lesungen und Deutungen verbessert, soweit uns diese Verbesserungen überzeugten. Weil sich die dadurch erforderlichen Änderungen als recht umfangreich herausstellten, wurde der gesamte Text neu gesetzt. Das Layout und die editorischen Grundsätze der 1. Auflage wurden aber beibehalten. Nach reiflicher Überlegung entschlossen wir uns auch, den Text nicht - wie heute weithin üblich - in Transkription in Lateinschrift vorzulegen, sondern bei der Umschrift in hebräischer Quadratschrift zu bleiben, auch wenn keiner der aufgenommenen Texte diese Schrift im Original verwendet. Nach wie vor wird derjenige, der unsere Textsammlung benutzt, zunächst Hebräisch oder Aramäisch auf der Basis des Alten Testaments gelernt haben, so daß ihm die Quadratschrift nicht nur geläufig ist, sondern für semitische Texte sogar charakteristisch sein wird, was z.B. für die grammatische Analyse ein unschätzbarer Vorteil ist. Das war auch der Grund dafür, daß in der Neuauflage der Phönizisch-punischen Grammatik (3. Auflage, Rom 1999) die Quadratschrift weiterhin verwendet wird.

Die Revision der Texte konnte in der Regel leider nicht, wie eigentlich erforderlich, anhand der Originale erfolgen. Vielmehr wurden Fotos und Umzeichnungen, soweit erreichbar, zugrunde gelegt. Das war wegen der zur Verfügung stehenden Zeit und angesichts mancher anderer Verpflichtungen unvermeidlich, ist aber für manche Inschriftengruppen sehr bedauerlich. So gilt z.B. für das Neupunische nach wie vor die Feststellung von K. Jongeling: "A reedition of all those Neo-Punic inscriptions hitherto only published in transcription is very much to be desired, and such a reedition should give photographs and drawings of all these texts. Without this tool progress in this section of Northwest Semitic epigraphy will remain as slow as it has been since Chabot's studies in Punica" (Names in Neo-Punic Inscriptions [1983] 13).

Ergänzend zur Erstauflage wurde noch eine Anzahl von Texte neu aufgenommen. Das sind einmal – als "Nachtrag" – die phönizische "Bauinschrift" vom Karatepe und die drei bereits in der 2. Auflage nachgetragenen Texte. Das sind ferner – als "Ergänzungen" – weitere

40 Texte, die aus fast allen der bereits früher berücksichtigten Regionen bzw. Sprachen stammen. Vernachlässigt wurden nur zwei Textgruppen: Die hebräischen Inschriften, die zusammenfassend bearbeitet vorliegen in J. Renz / W. Röllig, Handbuch der althebräischen Epigraphik (Darmstadt 1995-2002) und die reichsaramäischen Texte aus Ägypten, die in dem Korpus von B. Porten / A. Yardeni, Textbook of Aramaic documents from ancient Egypt Vol. 1-4 (1986-1999) umfassend und mustergültig zugänglich sind. Die Zahl der neu aufgenommenen Texte hätte sich leicht stark erweitern lassen; die getroffene Auswahl ist naturgemäß subjektiv. Dennoch hoffen wir, daß besonders die in letzter Zeit intensiv diskutierten Texte durch die Aufnahme in das Bändchen für weitere Forschungen leichter zugänglich werden.

Obgleich es natürlich erwünscht wäre, daß auch der Kommentarband von KAI in einer Neubearbeitung vorgelegt würde, ist das nicht geplant. Die dafür erforderliche vollständige Aufarbeitung des inzwischen gewaltig angewachsenen Quellenmaterials und dessen wissenschaftlicher Deutung kann von keinem Einzelnen mehr geleistet werden, sondern ist nur noch durch Forschergruppen möglich. Es ist deshalb lediglich geplant, daß noch der 3. Band in einer Neuauflage erscheinen soll. In ihm wird auch eine knappe Bibliographie (nach 1965) zu den bereits in der Erstauflage enthaltenen wie auch zu den neu aufgenommenen Texten vorgelegt werden. Das für diesen Band ebenfalls geplante Glossar wird Auskunft geben über unsere Deutungen der in der vorliegenden 5. Auflage von KAI enthaltenen Texte.

Herbert Donner, der in der Erstedition die aramäischen Texte in mustergültiger Präzision und Kürze bearbeitet hatte, konnte sich leider an der revidierten Auflage nicht mehr beteiligen, da seine Arbeitskraft voll durch die Neubearbeitung des Hebräischen Wörterbuches von W. Gesenius beansprucht wird. Die Verantwortung für die Neuauflage trägt also W. Röllig allein, der aber verschiedenen Helfern Dank abzustatten hat. Bei der Auswahl der Texte beriet mich meine langjährige Freundin und Kollegin M.G. Guzzo Amadasi. Viele Kollegen, von denen nur P. Bordreuil, G. Garbini, M. Heltzer, A. Lemaire, J. Naveh, M. Sznycer, J. Tropper und P. Xella namentlich genannt seien, haben mir durch Zusendung Ihrer Arbeiten neues Material eröffnet oder Interpretationshilfen gegeben. Schließlich schulde ich Père Vincent Laisney Dank, der mit großer Geduld, technischem know how und Einfühlungsvermögen die Druckvorlage erstellt hat.

Tübingen, 6. Februar 2002   Wolfgang Röllig

Textkonkordanz

CIS I	KAI
1	10
3	14
5	31
7	18
10	32
11	33
46	35
47	36
86 A–B	37 A–B
89	39
90	38
93	40
95	42
99–110	49
115	54
116	53
117	55
118	58
119	59
120	56
122	47
123 A–B	61 A–B
132	62
138	63
139	64
143	66
144	46
149	172
158	67
165	69
166	76
167	74
175	80
176	82
177	83
178	84
184	85
221	87

CIS I	KAI
264	86
1885	88
2992	94
3778	78
3785	79
3914	81
3916	75
3921	77
5510	302
5948	92
5950	93
5953	90
5988	96
5991	91
6057	73
6068	89

CIS II	KAI
108	263
109	262
113	228
114	229
115	230
122	267
123	268
137	270
138	271
141	269
142	272

EH	KAI
20	114
24	164
27	115
28	106
35	107
47	108
55	109
56	110
58	111
63	112
102	116
116	113
1 GR	175
3 GR	176
8 GR	177

HAE	KAI
Gez(10):1	182
Sam(8):1.1	183
Sam(8):1.2	184
Sam(8):1.6	185
Sam(8):1.19	186
Sam(8):1.54	187
Sam(8):3	188
Jer(8):3	189
Jer(7):1	191A
Jer(7):2	191B
Jer(7):5	190
Lak(6):1.2	192
Lak(6):1.3	193
Lak(6):1.4	194
Lak(6):1.5	195
Lak(6):1.6	196
Lak(6):1.9	197
Lak(6):1.13	198
Lak(6):1.19	199
MHas(7):1	200

IPT	KAI
17	130
18	129
19	131

TEXTKONKORDANZ

IPT = KAI	
21	120
22	122
23	123
24	121
25	127
26	124
27	126
29	128
30	125
31	119
76	118

KI = KAI	
1	181
3	189
5	10
6	13
7	14
8	15
9	16
12	17
16	19
17	31
18	32
19	33
22	34
23	35
24	36
29	37
31	38
33	40
34	41
35	42
36	43
37	48
44	52
45	53
46	54
47	55
48	56
49	57
50	58
51	59
52	60
53	47
54	61
56	62
57	63

KI = KAI	
58	64
59	66
60	46
62	67
63	69
64	70
66	74
67	76
68	80
69	81
70	73
71	82
72	83
73	84
74	85
76	86
80	87
83	88
85	89
87	90
88	91
89	92
90	93
91	97
92	98
95	102
96	103
97	104
98	105
100	172
101	117

NE = KAI	
415 f.	118
416	10
417,1	13
417,2	14
419 e	19
419	31
429,1	32
420,3	34
420,4	35
420,5	36
421,1	38
421,3	40
421 c	41
422,1	42
422,2	43

NE = KAI	
424	52
424,1	54
424,2	53
424,3	55
425 f.	47
425,1	56
425,2	57
425,3	59
425,4	60
425,5	58
426,2	61
426,4	62
427 a	64
427 b	66
427 c	46
428	69
429 b	74
429,1	73
430,3	76
430,4	80
430,6	83
430,7	84
432,1	97
432,3	98
433,8	102
434,1	172
434,10	103
435 b	117
435,2	142
436,3	133
436,4	134
436,7	135
436,11	152
437 a	159
437,2	169
437,3	166
437,4	167
439,2	161
440/2	214
442 f.	215
443 f.	216
444,4	218
444,5	219
444,6	220
444,7	221
445 b I	225
445 b II	226
446 a	261

TEXTKONKORDANZ

NE = KAI	
446 b	262
446 c	263
447,1	228
447,2	229
447,3	230
448 a1	267
448 a2	268
448 b1	269
448 b2	272

NP = KAI	
21	167
24	169
28	166
32	168
51	135
52	133
58	134
69	152
123	142
124	159
125	139

NSI = KAI	
1	181
2	189
3	10
4	13
5	14
9	17
10	19
11	31
12	32
13	33
16	35
17	36
20	37
21	34
24	38
27	40
28	42
29	43
30	41
32	54
33	60
34	58
35	59
36	47

NSI = KAI	
37	61
38	62
39	64
40	66
41	46
42	69
43	74
44	76
45	81
46	80
47	83
50	89
51	105
53	142
55	159
57	161
58	169
59a	145
59b	146
59c	147
61	214
62	215
63	216
64	225
65	226
67	263
68	261
69	228
70	229
71	267
72	268
73	270
74	271
75	269
Appendix I	15

RÉS = KAI	
1	48
5	73
18	89
161	148
162	149
163	150
170	154
179	155
183	96
235	48
287	15

RÉS = KAI	
288	15
327	104
334	105
339	103
360	70
388	57
505	5
537	90
553	93
662	118
679	140
766	15
767	16
768	92
786	95
800	17
942	137
1201	182
1202	13
1205	19
1206	34
1211	43
1212	41
1215	60
1216	68
1227	91
1302ff.	49
1506	14
1507	52
1515	42
1544	102
1590	89
1600	96
1854	95
1858	137
2221	145

TAD I = KAI	
A1.1	266

TAD IV = KAI	
D7.13	271
D7.17	270
D20.1	268
D20.3	267
D20.5	269
D20.6	272

Tripolitana	KAI
6	118
12	130
13	129
14	131
15	132
17	178
27	120
28	122
29	123
30	121
31	124
32	126
34	128
36	125
37	119

TSSI 1	KAI
1	182
2 I	183
2 II	184
2 VI	185
2 XXIX	186
3	188
7	189
8	191
9	190
10	200
12 II	192
12 III	193
12 IV	194
12 V	195
12 VI	196
12 IX	197
12 XIX	199
16	181

TSSI 2	KAI
1	201
2	232
5	202
6 I	203
6 II	204
6 III	205
6 IV	209
6 V	213
7	272
8	223
9	224
10	231
13	214
14	215
15	216
16	217
17	218
18	225
19	226
20	233
21	266
22	227
23	267
24	269
26	270
30	228
33	258
34	259
35	261
36	278
37	318

TSSI 3	KAI
p. 6	20–22
Nr. 1	3

TSSI 3	KAI
Nr. 4	1
5	2
6	4
7	5
8	6
9	7
10	8
11	46
12	30
13	24
14	25
15	26
16	294
17	31
18	70
20	29
21,22	61A.B
23	27
25	10
26	11
27	13
28	14
29	281
30	17
31	19
33	37
34	38
35	35
36	43
37	52
39	44
40	53
41	60
42	277

A. Phönizische Inschriften

1

(1) ארן . ז פעל . [א]תבעל . בן אחרם . מלך גבל . לאחרם . אבה . כ שתה֯
. בעלם . (2) ואל . מלך . במלכם . וסכן . בס⟨כ⟩נם . ותמא . מחנת . עלי .
גבל . ויגל . ארן . זן . תחתסף . חטר . משפטה . תהתפך . כסא . מלכה .
ונחת . תברח . על . גבל . והא . ימח . ספרה . לפן . ג֯בל

2

(1) לדעת . (2) הן יפד לך . (3) תחת זן

3

(1) [ ]י . לעזר֯בעל (2) תשעם . שלם[.]כ֯סף֯ (3) נשבת . אם נחל (4) תנחל .
מג/פשתך (5) עלך . ומג/פשת (6) ע֯לי

4

(1) בת . ז בני . יחמלך . מלך גבל (2) ה֯את . חוי . כל . מפלת . הבתם
(3) אל . יארך . בעל . שמם . ובעל⟨ת⟩ (4) גבל . ומפחרת . אל גבל
(5) קדשם . ימת . יחמלך . ושנתו (6) על גבל . כ מלך . צדק . ומלך (7) ישר
. לפן . אל גבל . קד֯ש֯ם֯ [הא]

5

(1) [מש(?) ז י]ב֯א . אבבעל מלך [גבל . ביחמלך(?) . (2) מלך] גבל . במצ֯רם .
לבעל[ת . גבל . אדתו . תארך . בעלת . גבל . ימת . אבבעל . ושנתו .] על
גבל

6

(1) מ֯ש֯ . ז פעל . אלבעל . מלך . גבל . ביח[מלך . מלך . גבל] (2) [לב]עלת .
גבל . אדתו . תארך . בעלת [. גבל] (3) [ימת . א]לבעל . ושנתו . על [גבל]

7

(1) קר . ז בני . שפטבעל . מלך (2) גבל . בן אלבעל . מלך . גבל
(3) ביחמלך . מלך . גבל . לבעלת (4) גבל . אדתו . תארך . בעלת גבל
(5) ימת שפטבעל . ושנתו . על . גבל

8

[ל]ע̊בדא . בכלבי . הי̊[צר]

9

A

(1) [ב]ן שפטבעל מלך גבל פעלת לי המשכב זן
(2) [ ]ביתך בלת ---- ארן עלת ארן על כן פעל[ת]
(3) [ ]י במשכב זן אש אנך שכב בן ובמקם [זן]
(4) [ ]לי אנ̊[ך ..]תי ברבם ויתן אנך א[ ]
(5) [אל תפת]ח ע[לת המשכב] זן לרגז עצמי א[ם]
(6) [ ]ש על[ ]

B

(1) ה[
(2) [ ]באצל המשכ[ב זן]
(3) [ ]קר המשכב אש תפ[תח]
(4) [ ]ת ארן ועלת ארן אנ̊[ ]
(5) [ ]מ ובעל אדר ובעלת וכל א̊[ל]
(6) [ ]בעלת וכל [אל]

10

(1) אנך יחומלך מלך גבל בן יח̊ר̊בעל בן בן ארמלך מלך (2) גבל אש פעלתן
הרבת בעלת גבל ממלכת על גבל וקרא אנך (3) את רבתי בעלת גבל ו̊ש̊מ̊ע̊ [..]
ק̊ל ופעל אנך לרבתי בעלת (4) גבל המזבח נחשת זן אש בח[..]̊ן ז והפתח חרץ זן
אש (5) על פן פתחי ז והעפ̊ת חרץ אש בתכת אבן אש על פתח חרץ זן
(6) והערפת זא ועמדה והר̊[א]ש̊ם אש עלהם ומספנתה פעל אנך (7) יחומלך מלך
גבל לרבתי בעלת גבל כמאש קראת את רבתי (8) בעלת גבל ושמע קל ופעל לי
נעם תברך בעלת גבל אית יחומל̊ך̊ (9) מלך גבל ותחוו ותארך ימו ושנתו על גבל
כ̊ מלך צדק הא ותתן (10) [לו הרבת ב]עלת גבל חן לען אלנם ולען עם ארץ ז
וחן עם אר(11)ץ ז [וחן לען] כל ממלכת וכל אדם אש יסף לפעל מלאכת עלת
מז(12)בח זן [ועלת פת]ח חרץ זן ועלת ערפת זא שם אנך יחומלך (13) מלך גבל
[תשת את]ך̊ על⟨ת⟩ מלאכת הא ואם אבל תשת שם אתך ואם תס̊(14)ר̊ מ̊[לא]כ̊ת

זא֯ [ותס]ג את ה֯[   ]ז֯ ד֯ל יס֯דה עלת מקם ז ות֯ג֯ל (15) מ֯ס֯תרו תס֯רח֯[ו]ן הרבת
בעלת גבל אית האדם הא וזרעו (16) את פן כל אלן ג[בל]

11

בארן זן אנך בתנעם אם מלך עזבעל מלך גבל בן פלטבעל כהן בעלת שכבת
בסות ומראש עלי ומחסם חרץ לפי כמאש למלכית אש כן לפני

12

(1) החנוטם אל פעלת (2) אנך עבדאשמן בנה (3) בן אסעא לאדנן ולסמל
(4) בעל יברך ויחוו

13

(1) אנך תבנת כהן עשתרת מלך צדנם בן (2) אשמנעזר כהן עשתרת מלך צדנם
שכב בארן (3) ז מי את כל אדם אש תפק אית הארן ז אל אל ת(4)פתח עלתי
ואל תרגזן כ אי אד/רלן כסף אי אד/רלן (5) חרץ וכל מנם משר/ד בלת אנך
שכב בארן ז אל אל תפת(6)ח עלתי ואל תרגזן כ תעבת עשתרת הדבר הא ואם
פת(7)ח תפתח עלתי ורגז תרגזן אל י⟨כ⟩ן ל⟨ך⟩ זרע בחים תחת שמ(8)ש ומשכב
את רפאם

14

(1) בירח בל בשנת עסר וארבע **14** למלכי מלך אשמנעזר מלך צדנם (2) בן
מלך תבנת מלך צדנם דבר מלך אשמנעזר מלך צדנם לאמר נגזלת (3) בל עתי
בן מסך ימם אזרם יתם בן אלמת ושכב אנך בחלת ז ובקבר ז (4) במקם אש בנת
קנמי את כל ממלכת וכל אדם אל יפתח אית משכב ז ו(5)אל יבקש בן מנם כ
אי שם בן מנם ואל ישא אית חלת משכבי ואל יעמ(6)סן במשכב ז עלת משכב
שני אף אם אדמם ידברנך אל תשמע בד⟨בר⟩נם כ כל ממלכת ו(7)כל אדם אש
יפתח עלת משכב ז אם אש ישא אית חלת משכבי אם אש יעמסן במ(8)שכב ז אל
יכן לם משכב את רפאם ואל יקבר בקבר ואל יכן לם בן וזרע (9) תחתנם
ויסגרנם האלנם הקדשם את ממלכ⟨ת⟩ אדר אש משל בנם לק(10)צתנם אית
ממלכת אם אדם הא אש יפתח עלת משכב ז אם אש ישא אית (11) חלת ז ואית
זרע ממל⟨כ⟩ת הא אם אדמם המת אל יכן לם שרש למט ו(12)פר למעל ותאר
בחים תחת שמש כ אנך נחן נגזלת בל עתי בן מס(13)ך ימם אזרם יתם בן אלמת
אנך כ אנך אשמנעזר מלך צדנם בן (14) מלך תבנת מלך צדנם בן בן מלך
אשמנעזר מלך צדנם ואמי אמעשתרת (15) כהנת עשתרת רבתן המלכת בת מלך
אשמנעזר מלך צדנם אם בנן אית בת (16) אלנם אית [בת עשתר]ת בצדן ארץ ים
וישר'ן אית עשתרת שם מאדרם ואנחן (17) אש בנן בת לאשמן [ש]ד/ר קדש ען
ידלל בהר וישבני שם מאדרם ואנחן אש בנן בתם (18) לאלן צדנם בצדן ארץ ים

בת לבעל צדן ובת לעשתרת שם בעל ועד יתן לן אדן מלכם (19) אית דאר ויפי ארצת דגן האדרת אש בשד שרן למדת עצמת אש פעלת ויספננם (20) עלת גבל ארץ לכננם לצדנם לעל[ם] קנמי את כל ממלכת וכל אדם אל יפתח עלתי (21) ואל יער עלתי ואל יעמסן במשכב ז ואל ישא אית חלת משכבי לם יסגרנם (22) אלנם הקדשם אל ויקצן הממלכת הא והאדמם המת וזרעם לעלם

15

מלך בדעשתרת מלך צדנם בן בן מלך אשמנעזר מלך צדנם בצדן ים שמם רמם ארץ רשפם צדן משל אש בן וצדן שד/ר אית הבת ז בן לאלי לאשמן שד/ר קדש

16

מלך בדעשתרת ובן צדק יתנמלך מלך צדנם בן בן מלך אשמנעזר מלך צדנם אית הבת ז בן לאלי לאשמן שד/ר קדש

17

(1) לרבתי לעשתרת אש בגו הקדש (2) אש לי אנך עבדאבסת בן בדבעל

18

(1) [לאדן ל]בׄעל שמם אש נדר עבדאלם (2) בן מתן בן עבדאלם בן בעלשמר (3) בפלג לאדך אית השער ז והדלהת (4) אש ל פעלת בתכלתי בנתי בשת **180** (5) לאדן מלכם **143** שת לעם (6) צר לכני לי לסכר ושם נעם (7) תחת פעם אדני בעל שמם (8) לעלם יברכן

19

(1) ערפת כברת מצא שמש וצ(2)פלי אש בן האלם מלאך מלכ(3)עשתרת ועבדי בעל חמן (4) לעשתרת באשרת אל חמן (5) בשת **26** לפתלמיס אדן (6) מלכם האדר פעל נעם בן פת(7)למיס וארסנאס אלן א[ח](8)ים שלש חמשם שת לעם [צר] (9) כם אש בן אית כל אחרי [המק(10)דש]ׄם אש בארץ לכן לׄםׄ לׄ[סכר] (11) [ושם נעס ל]עׄלם

20

חץ אדא בן עכי

21

חץ עבדלב(א)ת

22

חץ זכרבע[ל] בן בנענ[ת]

23

(1')] [
(2')]]ש֯מם ואלנם אלו֯ x אלנ֯ם֯ לר֯[?]
(3')]]מ֯ל֯ך ד֯ן֯ ובבתי ובק֯רהתי ו֯באר֯[צי?]
(4')]]רי֯ם֯ ובארץ ה֯מלך אשר ו֯י֯ב֯א[ ]
(5')] ג]ב֯ל֯ בד אורך ויפעל בח֯לב֯ [של]ם ו֯[ ]
(6') [מ]מלכת אשר וממלכ֯ת֯ ה֯מ֯לך ה֯א֯ לממ֯לכת֯[?]

24

(1) אנך . כלמו . בר . חי⟨א⟩(2) מלך . גבר . על . יאדי . ובל . פ[על] (3) כן
במה . ובל֯ . פעל . וכן . אב֯ . ח֯יא . ובל . פ֯על . וכן . אח (4) שאל . ובל .
פעל . וא֯נ[ך] . כל֯מו . בר . תמ֯־ . מאש . פעלת (5) בל . פעל . הלפני{ה}ם .
כן . בת אבי . במתכת . מלכם . אד(6)רם . וכל . שלח . יד ל⟨ה⟩לח֯ם . וכת .
ביד . מלכ֯ם כמאש . אכלת (7) זקן . ו[כמ]אש . אכלת . יד . ואדר עלי מלך .
ד[נ]נים . ושכר . (8) אנך . עלי . מלך אשר . עלמת . יתן . בש . וג֯בר .
בסות .

---

(9) אנך . כלמו . בר חיא . ישבת . על . כסא . אבי . לפן . המ(10)לכם .
הלפנים . יתלנן [.] משכבם . כם . כלבם . ואנך . למי . כת . אב . ולמי . כת
. אם . (11) ולמי . כת . אח . ומי . בל חז . פן . ש . שתי . בעל . עדר . ומי
. בל חז . פן . אלף . שתי . בעל (12) בקר . ובעל . כסף . ובעל . חרץ . ומי
. בל . חז . כתן . למנערי . ובימי . כסי . ב(13)ץ . ואנך . תמכת . משכבם .
ליד . והמת . שת . נבש . כם . נבש יתם . באם . ומי . בבנ(14)י אש . ישב .
תחתן . ויזק . בספר ז . משכבם . אל יכבד . לבעררם . ובערר(15)ם . אל
יכבד . למשכבם ומי . ישחת . הספר ז . ישחת . ראש . בעל . צמד . אש .
לגבר (16) וישחת . ראש . בעל חמן . אש . לבמה . ורכבאל . בעל . בת .

25

(1) סמר ז קן (2) כלמו (3) בר חי (4) לרכבאל

---

(5) יתן לה ר(6)כבאל (7) ארך חי

26

A (I) (1) אנך אזתוד הברך בעל עבד (2) בעל אש אדר אורך מלך דננים
(3) פעלן בעל לדננים לאב ולאם יחו אנך אית (4) דננים ירחב אנך ארץ עמק
אדן לממצא ש(5)מש ועד מבאי וכן בימתי כל נעם לדנני(6)ם ושבע ומנעם ומלא
אנך עקרת פער ופע(7)ל אנך סס על סס ומגן על מגן ומחנת על (8) מחנת
בעבר בעל ואלם[a] ושברת מלצם (9) [b]ותרק אנך[b] כל הרע אש כן בארץ [c]ויטנא
אנך[c] (10) בת אדני בנעם ופעל אנך לשרש אדני נעם
(11) וישב אנך על כסא אבי ושת אנך שלם את (12) כל מלך ואף באבת פעלן
כל מלך בצדקי ו(13)בחכמתי ובנעם לבי ובן אנך חמית ע(14)זת בכל קצית על
גבלם במקמם באש כן (15) אשם רעם [d]בעל אגדדם[d] אש בל אש עבד (16) כן
לבת מפש ואנך אזתוד שתנם תחת פעמ(17)י ובן אנך חמ'ית [d]במקמם המת[d]
לשבתנם דננ(18)ים בנחת לבנם
וען אנך ארצת עזת במבא (19) שמש אש בל ען כל המלכם אש כן לפני
וא(20)נך אזתוד ענתנם ירדם אנך ישבם אנך (21) בקצת גבלי במצא שמש ודננים
(II) (1) ישבת שם וכן בימתי בכל (2) גבל עמק אדן לממצא שמש (3) ועד מבאי
ובמקמם אש כן (4) לפנם נשתעם אש ישתע אדם ללכת (5) דרך ובימתי אנך
אשת תך לחד(6)י דל פלכם בעבר בעל ואלם[a] (7) וכן בכל ימתי שבע ומנעם
ושבת (8) נעמת [d]ונחת לב[d] לדננים ולכל עמ(9)ק אדן
ובן אנך הקרת ז ו[e]שת (10) אנך[e] שם אזתודי כ בעל ורשף (11) צפרם שלחן
לבנת ובני אנך ב(12)עבר בעל ובעבר רשף צפרם! ב(13)שבע ובמנעם ובשבת
נעמת ובנחת (14) לב לכני משמר לעמק אדן ולב(15)ת מפש כ בימתי כן לארץ
עמק א(16)דן שבע ומנעם ובל כן מתם [f]לדנני(17)ם לל בימתי[f] ובן אנך הקרת ז [g]
שת (18) אנך שם אזתודי [h]ישב אנך [i]בן[h] (19) בעל כרנתריש [d]וילד[k] זבח לכל (III)
(1) המסכת זבח ימם אלף וב[עת ח]רש (2) ש ובעת קצר ש[d]
וברך בעל כר[נ](3)תריש אית אזתוד חים ושלם (4) ועז אדר על כל מלך לתתי
בעל כרנתריש (5) וכל אלן קרת לאזתוד ארך ימם ורב (6) שנת ורשאת נעמת
ועז אדר על כל מל(7)ך וכן הקרת ז בעלת שבע ותרש ועם (8) ז אש ישב בן יכן
בעל אלפם ובע(9)ל צאן ובעל [l]שבע ותרש וברבם ילד! (10) וברבם יאדר וברבם
יעבד לאז(11)תוד ולבת מפש בעבר בעל ואלם
(12) ואם מלך במלכם ורזן ברזנם אם א(13)דם אש אדם שם אש ימח שם
אזתו(14)ד בשער ז ושת שם אם אף יחמד אי(15)ת הקרת ז ויסע השער ז אש פעל
א(16)זתוד ויפעל לשער זר ושת שם עלי (17) אם בחמדת יסע אם בשנאת וברע
יסע (18) השער ז ומח בעל שממ ואל קן ארץ (19) ושמש עלם וכל דר בן אלם

---

[a] C: ובעבר אלם   [b...b] C: [ות]רקת   [c...c] B: ויטן אנך!; C: ויט[נ]את   [d...d] B: om.
[e...e] C: om(!).   [f...f] B, C: לל בימתי לדננים   [g] C: ושת   [h...h] C: וישב אנך האלם ז
[i] B: om.?   [k] C: Fortsetzung s.u.   [l] Text B bricht hier ab.

PHÖNIZISCHE INSCHRIFTEN (26–27) 7

אית הממלכת הא ואית המלך הא ואית (IV) (1) אדם הא אש אדם שם אפס
(2) שם אזתוד יכן לעלם כם שם (3) שמש וירח

C (III) (16) (nach A II 19) ...וברך (17) בעל כרנתריש אית אזתוד בח(18)ים
ובשלם ובעז אדר על כל מלך (19) לתתי בעל כרנתריש לאזתוד (20) ארך ימם
ורב שנת ורשאת נ̊[ע]מ̊ת (IV) (1) ועז אדר על כ̊ל̊ מ̊לך

(2) וזבח אש י[לך (?)ל]אלם (3) כל המסכת ז (4) {ז} זבח י̊[מם] א[לף 1
ו]ב(5)עת חרש [ש 1]ו̊בעת ק̊[צ]ר (6) ש 1

וכן [הק]רת ז בעל̊[ת] (7) שבע ותרש ו[ע]מ̊ ז א̊[ש] (8) ישב ב̊ן יכ̊ן̊ בעל̊ א̊לפם
ו(9)בעל צ̊אן̊ ובעל ש[בע ו]תרש (10) וברב̊ם ילד ובר[ב]ם [י]אדר (11) ובר[ב]ם
יעבד לאזתוד ול(12)בת מ̊[פ]ש̊ בעבר בעל ובעבר א̊לם

(13) וא[ם] מלך במלכם ורזן בר[ז]נם (14) {ם} א̊ם̊ אדם אש אדם שם אש
יא̊(15)מ[ר] למ̊חת שם אזתוד בסמל (16) א̊[ל]ם̊ ז ושת שם אם אף יחמד
(17) א̊[י]ת הקרת ז ויאמר אפעל (18) ס̊מ̊ל ז̊ר ושת שמי עלי ואי(19)ת סמל̊ האלם
אש פעל אזתו̊ד̊ (20) בעל כרנתריש אשבר̊ אמא̊ט ב(21)ננחל̊ אמאט̊[(.).]מ̊ אלך̊
[.]כ̊[.]

Auf dem Sockellöwen:

(V) (1) [ ] דנב־־ר̊ [ ] (2-4) [Lücke] (5) נ[.........]א[.]ו̊[שם]
(6) אזתוד{י} יכן לעלם כם שם (7) שמש וירח

27

Vs. (1) לחשת ⌜ו⌝ ל̊ע⟨פ⟩תא | אלת (2) ססם | בן פדרש(3)שא אל{ו} | (4) ול |
חנקת | א(5)מר | בת אבא (6) בל | תבאן

Rs. (7) וחצר | אדרך (8) בל | תדרכן | כ{ר̊}(9)רת | לן | אלת (10) עלם
אשר⟨ת?⟩ | כרת (11) לן | וכל בן אלם (12) ורב | דר | כל | קדשם̊ (13) ב̊אלת
⌜ו⌝ שמם | וארץ (14) [ל]ע̊לם̊ | באלת בעל̊

Ränder seitlich, oben und unten:

(15) פ̊ן ארץ | בא{ל}(16)ל̊ת חורן | אש | תם פי (17) ושבע | צרתי | ושמ(18)נה
אשת | בעל קדש

Auf der geflügelten Sphinx:

(19) לעפתא | בחדר | חשך (20) עבר פעם | פעם | ללין

Auf der Wölfin mit Skorpionenschwanz:

(21) בבת | ל̊פ̊חצת | הלך

Auf der männlichen Gestalt und daneben:

(22) מצא | ל(23)פתח(24)י | וא(25)ור | ל(26)מזות יצא שמש (27) נסס (28) חלף |
ולדר֯ (29) ע֯ף֯

28

(1) מלכתבעל אל[מת] (2) צדקמלך בן[ ] (3) בן֯ עבד[א]ל[ם]

29

(1) ארן · [ז]ן · מגן · אמתבעל · בת · פטאס · אמת · אד֯ן֯ן֯ (2) מתת · לעשתרת
· אדתי · תברכי · בימי · אדנן [....]א · בן · יסד

30

(1) [ ]ה֯א | אי | מפת | והאש | אש[
(2) [ ]ם֯ | לקבר | זא | כ֯על | הגבר | זא[
(3) [ ]ש֯י | ויאבד | ה[...] ז֯א | אית | הא[
(4) [ ]ב֯ן | יד | בעל | וב֯ן֯ | יד | אדם | ובן[יד
(5) [ ]א֯ר֯ | א֯לם | [.....] | ל--י | לן[
(6) [ ]--א֯ית | [..............]ש[
(7) [ ].ש֯מ[...]י[..........]ני

31

(1) [ ]סכן קרתחדשת עבד חר֯ם֯ מלך צדנם אז יתן לבעל לבנן אדני בראשת
נחשת ה[ ]
(2) [ ]טב סכן קרתחדשת [.................. לב]על לבנן אדני

32

(1) בימם 6 לירח בל בשנת 21 למ֯[ל]ך֯ פמי[י]תן מ[לך כתי ו](2)אדיל ותמש בן
מלך מלכיתן מלך כתי ואדיל מזבח א[ז] (3) וארום אשנם 2 א֯ש֯ יתן בדא כהן
רשף חץ בן יכנש(4)לם בן אשמנאדן לאדני לרשף חץ יברך

33

(1) בימם 24 לירח · מרפא · בשנת 37 למלך · פמייתן · מלך כת⟨י⟩· ואדיל · בן
מלך (2) מלכיתן · מלכתי · ואדיל · [ס]מלת · א֯ז֯ · אש · יתן · ויטנא · מנחשת ·
יאש · אשת · בע֯לת!יתן · עב(3)[ד · בת · ע]ש֯ת֯רת · [ב]ת֯ · שמעא · בן֯
בע֯ל[...]י֯ · לרבתי · לעשתרת · תשמע · קל֯

34

(1) מצבת אז אש יטנא ארש רב סרסרם לאבי לפרסי (2) רב סרסרם בן ארש רב סרסרם בן מנחם רב סרסרם (3) בן משל רב סרסרם בן פרסי רב סרסרם . ולאמי (4) לשמזבל בת בעלרם בן מלכיתן בן עזר רב חז(5)ענם על משכב נחתנם לעלם

35

(1) אנך . עבדאסר . בן עבדססם . בן חר . מצבת . (2) למבחיי . יטנאת . על משכב . נחתי . לעלם . ולא(3)שתי . לאמתעשתרת . בת . תאם . בן עבדמלך

36

(1) לעטהד בת עבדאש(2)מן השפט אשת גר(3)מלקרת בן בנחד(4)ש בן גרמלקרת ב(5)ן אשמנעזר

37

A (1) תכלת ירח אתנם (2) בחדש ירח אתנם (3) לאלן חדש קפא 2 (4) 4 (5) לבנם אש בן אית בת עשתרת כת קפא 1 (6) לדרכם ולאדמם אש על דל קׯצׯר 20 [?] (7) לשרם בער אש שכנם למלכת קדשת בים ז ק[...] (8) לנערם 2 קפא 2 (9) לזבחׯם 2 קר 1 (10) לאפם 2 אש אף אׯת . נׯעׯחלת למלכת [ ] (11) את פרמן קר 2 (?) (12) לנערם 3 קפא 3 (13) לגלבם פעלם על מלאכת קפא 2 (14) לחרשם 20 אש פעל אשתׯתׯ אדן בבת מכ[ל] (15) לעבדאשמן רב ספרם שלח בים ז קר 3 וק[פא] (16) [לכלבם] ולגרם קר 3 ופא 3 (17) [ ]א שלח בים ז קר 2 וׯקׯ[פא] (18) [ ] . יך . ש[ ]א 2 (?)
B (1) דׯתׯ עקב (2) בחדש ירח פעלת (3) לאלן חדש קפא 2 (4) לבעל מים בסבב אלם [ ] (5) לנפש בת אש לאשתת מכל וש[ ] (6) לעבדאבסת הקרתחדשתי (7) לאדם . אש לקח מׯכׯנבם קפא[ ] (8) לרׯעם . אש בדׯשׯפלכד קר 2 אש בכ[ת] (9) לעלמת ולעלמת 22 בזבח [ ] (10) לכלבם ולגרם קר 3 ופא 3 (11) לנערם 3 קפא 3 (12) [קפ]א 2

38

(1) מרקע חרץ אז אש יתן מלך מלכיתן מלך כתי ואדיל בן בעלרם לאלי (2) לרשף מכל באדיל בירח בל בשנת 2 למלכי על כתי ואדיל כ שמע קל יברך

39

(1) [בימם x לירח y] בשנת ארבע 4 למלך . מלכיתן [מלך] (2) [כתי ואדיל
סמל] אז אש יתן ויטנא . אדנן בעלר[ם] (3) [בן עבדמלך לאל]י לרשף מכל . כ
שמע קל יברך

Kyprisch:

(1) [i to-i ˡ te?-ta?-ra?-to?-i? ˡ ve-te-i] ˡ pa-si-le-vo-se ˡ mi-li-ki-ja-to-no-se ˡ ke-ti-o-ne ˡ ka-e!?-ta-li-o-ne ˡ pa-si-le-u-
(2) [-o?-to?-se? ˡ ta-ne e-pa-ko-]me-na-ne ˡ to pe-pa-me-ro-ne ˡ ne-vo-so-ta-ta-se ˡ to-na-ti-ri-ja-ta-ne ˡ to-te ka-te-se-ta-se ˡ o va-na-xe
(3) [Pa-a?-la?-ro-mo?(-se?) ˡ] o A-pi-ti-mi-li-ko-ne ˡ to A-po-lo-ni ˡ to A-mu-ko?-lo-i ˡ a-po-i vo-i ˡ ta-se e-u-ko-la?-se
(4) [e]-pe-tu-ke i tu-ka-i ˡ a-ke-ta-i ˡ

Umsetzung in griech. Schrift:

(1) [ἰ(ν) τō̃ι ˡ τετάρτōι ˡ ϝέτει] ˡ βασιλε̄̃ϝος ˡ Μιλκιjάθōνος ˡ κε̄τίōν ˡ κατ Ἐδαλίōν ˡ βασιλεύ-
(2) [ϝο(ν)τος ˡ τᾱν ἐπαγ]ομενᾱν τō̃ πε(μ)παμέρōν ˡ νεϝοστάτας ˡ τὸν ἀ(ν)δριjά(ν)ταν ˡ τό(ν)δε κατέστασε ˡ ὁ ϝάναξ ˡ
(3) [Βααλρōμ ˡ] ὁ Ἀβδιμίλκōν ˡ τō̃ Ἀπόλ(λ)ōνι ˡ Ἀμύκλōι ˡ ἀφ’ ō̃ι ϝοι ˡ τᾶς εὐχōλᾶς
(4) ἐπέτυχε ἰ(ν) τύχαι ˡ ἀγαθᾶι

40

(1) בימם 7 לירח ח̊יר̊ בשנת 31 לאדן מלכם פתלמיס בן פתלמי[ס......] (2) אש
הא שת 57 לאש כתי כנפרס ארסנאס פלדלף אמתאסר בת מכ̊[....] (3) בן
עבדססם בן גדעת הסמלם האל אש יטנא בתשלם בת מריחי בן אשמנאד̊ן̊ (4) על
בן בני על אשמנאדן ושלם ועבדרשף שלשת בן מריחי בן אשמנאדן בן נחמי
(5) בן גלב הנדר אש כן נדר אבנם מריחי בחיי לאדננם לרשף מכל יברכם

41

(1) סמל אז אש יתן ויטנ(2)א . מנחם . בן בנחדש בן מנ(3)חם בן ערק לאדני
ל[רש]ף (4) אליית בירח אתנם בשנת (5) שלשם 30 למלך מלכיתן . מלך (6) כתי
ואדיל . כ שמע קל . יברך

Kyprisch:

(1) to–na-ti-ri-a-ta-ne to-nu . e-to-ke-ne
(2) ka-se . o-ne-te-ke-ne . ma-na-se-se
(3) o no-me-ni-o-ne . to-i ti-o-i
(4) to-i a-pe-i-lo-ni . to-i e-le-i-
(5) ta-i . i tu-ka-i

Umsetzung in griech. Schrift:

(1) τὸν ἀ(ν)δριά(ν)ταν τό(ν)νυ ἔδōκεν
(2) κὰς ὀνέθēκεν Μανασε̄́ς
(3) ὁ Nōμēνίōν τō̃ι ϑιō̃ι
(4) τō̃ι Ἀπείλōνι τō̃ι Ελεί-
(5) ται ἶ(ν) τύχαι

42

(1) Ἀϑηνᾷ Σωτείρᾳ Νίκῃ
(2) καὶ βασιλέως Πτολεμαίου
(3) Πραξίδημος Σέσμαος τὸν
(4) βω[μὸ]ν ἀνέϑ[ηκ]εν.
(5) Ἀγα[ϑ]ῇ τύχῃ

(1) לענת מעז חים (2) ולאדמלכם פתלמיש (3) בעלשלם בן [ס]ס̊מי (4) יקדש [א]ת מ̊זבח (5) [ל]מ̊ז̊ל נעם

43

(1) מש לנעם (2) הסמל ז מש אנך יתנבעל רב ארץ בן גרעשתרת רב ארץ בן עבד[עשתרת רב ארץ בן עבדא]ס̊ר (3) בן גרעשתרת בן שלם פ̊ר̊כ̊ד/רמל אש ישנאת לי אבמקדש מלקרת ס[.........]ם לשמי (4) בחדש זבחששם אש בשנת **11** לאדן מלכם פתלמיש בן אדן מלכם פתלמיש (5) אש המת לעם לפש שנת **33** וכהן לאדן מלכם עבדעשתרת בן גרעשתרת (6) רב ארץ פ̊ר̊כ̊ד/רמל ובירח מפע אש בשנת **3̊** לאדן מלכם פתלמיש בן אדן מלכם (7) פתלמיש אבחי אבי ישת במקדש מלקרת אית משפן אבי בנחשת ובירח (8) פעלת אש בשנת **12** לאדן מלכם פתלמיש בן אדן מלכם פתלמיש בחי (9) אבי יתת ויקדשת חית ש̊נ̊ית בגבל שד נרנך לאדן אש לי למלקרת (10) [ו]שבת באת̊ ה̊חית ופעלת קמתים ומזבחת לאדן אש לי למלקרת (11) על חיי ועל חי זרעי ים מד ים ולצמח צדק ־לא־ת־ ולאדמ̊י (12) [בחד]ש̊מ̊ ו̊ב̊כ̊ס̊אם ירח מד ירח עד עלם כקדם כ/ומהדלת הנחשת (13) [אש כ]תבת וסמר/דת בקר אש בן מנחת חני ופעלת אנך עלת (14) [.....] ה̊מ̊ז̊אפבת בכ[ס]ף משקל כר **100** ז **2** ויקדשת לאדן (15) [אש לי למלק]רת פקת ונעם יכן לי ולזרעי ויסכרן מלקרת (16) [.......]נ̊ע משרש

44

(1) [ϑεοῖ]ς Μύ̊[λαντίοις]
(2) [χαριστή]ριον

(1) בעלמלך בן מלכיתן (2) מקם אלם מתרח עשתרני בן̊ ח̊[ ]

45

(1) אש נדר תר̊ת̊[א בן עבד(?)אש](2)מן בן בעליתן בן [ ]

46

(1) בת רש ש
(2) נגר ש הא
(3) בשרדן ש
(4) לם הא של
(5) ם צר אם
(6) לכת נר̊נ[ד]
(7) ש בן נגר
(8) לפמי

47

(1) לאדנן למלקרת בעל צר אש נדר (2) עבדך עבדאסר ואחי אסרשמר (3) שן בן אסרשמר בן עבדאסר כ שמע (4) קלם יברכם

(1) Διονύσιος καὶ Σαραπίων οἱ
(2) Σαραπίωνος Τύριοι
(3) Ἡρακλεῖ ἀρχηγέτει

48

(1) המטנא [ז] יטנ[את] אנך פ̊ע̊לעשתרת בן עבדמלכת בן בנבעל בן עבדמלכת בן בנבעל (2) בן עבדמלכ[ת ל...]ד/רת שמר נאלכי לרבתי לאלם אדרת אס אלם עשתרת ולאלנם אש (3) א̊ל [. יב]רך אי[תי ואית ב]נ̊י̊ עבדאסר ובנבעל ועבדשמש ופעלעשתרת ואת אמנם חנעשתרת (4) [וי]ת̊ן לם חן וחי̊ם לען אלנם ובן אדם

49

(1) (A) אנך? בדמלקרת֯

(2) (B) [..]דן בן צ֯נר המלח

(3) (C) בעליתן חים לעשתרתא
שם ב֯ע֯ל לחי

(4) (D) אנך אשמנשלך

(5) (E) מלך אנך

(6) (F) אנכי בעלסכר

(7) (G) אנך פסר ב
אבנכי פסר בן בעליתן המתפף

(8) (H) אנך עבדרשף בן ח֯ש֯ך֯

(9) (K) אנך עזא

(10) (L) פרסי

(11) (M) את
אנך עבדססם
בן עזרתבעל

(12) (N) אנך מנחם בן בעליתן

(13) (O) אנכי עבדאשמן בן שלם הכתי
אנך

(14) (P) לגראהל

(15) (Q) אלכי חלבעל בל בעלפלס

(16) (R) בנחדש בן גרהכל
הכרס

(17) (S) עבדרשף בן אבנשמש
בן א֯ג֯ן֯ המלץ

(18) (T) אלך עבדצפל בל עבדמלכת
בל מלקרתעמס

(19) (U) אנך גרא בן אבקם
ש ח֯פ֯ן

(20) (V) פלס

(21) (W) אלך בנב[על]

(22) (X) אנך עבדא[ש]מן בן אר[מ?]י
הרקח

(23) (Y) אלך! אש֯מתהל

(24) (Z) אבעלשם

(25) (Aa) אנך אשמנב[רך]

(26) (Ab) אנך נפסח? בן רמבעל
בן חקרח משפן

(27) (Ac) אנך רמבעל בן י־מ֯־ התמר

(28) (Ad) [א]נך אשמנאדני֯ בן מתני
בן עזרבעל

(29) (Ae) אל עבדשמש

(30) (Af) אבעל אבל מתל

(31) (Ai) עבדמלקרת

(32) (A) עבדהא
כ

(33) (Ao) עבדרשף

(34) (At) אנך פעלאבסת בן צדיתן בן
גרצד הצרי ישב ד/עכי
באן מצרם בפטרת
ע֯בדמנקרת האנ[.]
אנך פ

(35) (Au) אנך בעליחן בן מנקרתחני

(36) (Av) אנך מגן בן בדא שחפצבעל
מנף

(37) (Aw) אנך עבדאבסת בן צדיתן

(38) (Ax) באן הנבעל? **3** לירח חיר

(39) (Ay) אך ארש בן בשל֯[ם]

(40) (Az) אנך ב[ד]א בן ארש

(41) (Ba) אנך א[ש]מנאדן
בן תרתא

(42) (Bc) בן גרא

(43) (Bd) אבקם

(44) (Be) לאשמנ־[..]

(45) (Bg) אנפקר
נער֯ים

(46) (Bmα) אנך שלם בן עבדססם

(47) (Bmβ) [אנך של]ם בן עבדססם
ב[ן]

(48) (Bn) אנך עבדחא בן בעל־צר

(49) (Bo) אנך תא־־־נח֯נ־[.]־רשף

50

(1) אדת֯[   ] ארשת בת אש֯מ֯נ[יתן] (2) אמר ׀ לאחתי ׀ ארשת ׀ אמר ׀ אחתך֯ ׀
בשא ׀ ושלם את ׀ אף אנך ׀ שלם ׀ בר֯כתך ׀ לב(3)על צפן ׀ ולכל אל ׀
תחפנחס֯ ׀ יפעל֯ך ׀ שלם ׀ אפקן הכסף ׀ אש שלחת ׀ לי ׀ ותנת(4)ו֯ ׀ לי מש֯[ק]ל
3 -֯-ר֯ ו ׀ ה--א֯ל ׀ אתכפ/כ/בר ער֯ת֯/ם ומלאת ׀ על תפני ׀ אית ׀ כל (5)
כסף ׀ אש לי ׀ בדרך ׀ ויתת ׀ את֯י־את בטח ׀ ברב/כר־ע֯ראשאד֯ע ׀ במא֯־[. ז]ת
וש(6)לחת לי את ספר הנקת אש למי ש---כי

51

Vs.

(1) [..........]ת֯י וב֯רב֯ שׄל֯[..]
(2) [.....]מ֯[..]ח֯תן ל[..]ן שלש 1 ו
(3) קללם֯ ו[....]ובנשמם עלם 2 ו
(4) בצל ר֯אׄש֯[..]ובצל פלנע ופאל
(5) ה֯רנכאר֯ת ־־ברכתמלקרת שלמם
(6) 3 זית מ֯שקם 25 ושקד֯ם
(7) וכמן ולער֯ת֯י֯ עעם וששמן ו
(8) עקלם 3 ול֯־[..] 5 כלא ל
(9) ירחם־ע֯ [.......]ו֯ח֯[ת]ם וח
(10) תמם בטבעת ו[..] וה֯ן ש[......]
(11) [....]ע֯ע֯ [........]ם֯ א֯ר֯[......]
(12) [...]מח֯צ [......]ולבכורי[....]
(13) [.....]ל֯[.... בכ]ורי ינ[...]

Rs.

(1) [מן] ע֯בד֯מלכת לבד֯בעל ל֯ר֯ב֯
(2) [על פן   ב]ד֯בעל רב חרם לים ועל פן אש ש לח֯ר[ם לים   [
(3)   ועל [פ֯ן אלד֯אדנדנח ואבא֯י ונכב֯ ור־אשל]   [
(4) כסף֯[.....]ר֯[.....]בן לכן לכל עם ש֯מׄש֯]
(5) וב֯מ֯ר֯]   [

52

(1) חרפכרט יתן חים ל(2)עבדי לעבדאשמן בן עשתרתיתן בן מגן בן חנתס בן
(3) פט בן טט בן פשמ־־י (4) בשת ־־־־־

53

Ἀρτεμίδωρος
Ἡλιοδώρου
Σιδώνιος

(1) מצבת סכר בחים לעבדתנת בן (2) עבדשמש הצדני

54

(1) Ἀντίπατρος Ἀφροδισίου Ἀσκα[λωνίτης]
(2) Δομσαλὼς Δομανὼ Σιδώνιος ἀνέθηκε

(1) אנך שם בן עבדעשתרת אשקלני (2) אש יטנאת אנך דעמצלח בן דעמחנא צדני

55

Νουμήνιος
Κιτιεύ[ς]

(1) לבנחדש בן עבדמלקרת (2) בן עבדשמש בן תגנץ אש כתי

56

Ἐρήνη Βυζαντία

הרנא בעלת בזנתי

57

Νουμήνιος Κιτιεύς

אנך מחדש בן פנסמלת אש כתי

58

מזבח ז אש ינח בנחדש בן בעליתן השפט . בן עבדאשמן החתם . לאסכן אדר . יברך

59

Ἀσεπτ Ἐσυμσελήμου Σιδωνία

(1) אנך אספת בת אשמנשלם צדנת אש יטנא לי (2) יתנבל בן אשמנצלח רב כהנם אלם נרגל

60

(1) בים 4 למרזח בשת 14 לעם צדן תם בד צדנים בנאספת לעטר (2) אית
שמעבעל בן מגן אש נשא הגו על בת אלם ועל מבנת חצר בת אלם (3) עטרת
חרץ בדרכנם 20 למחת כ בן אית חצר בת אלם ופעל אית כל (4) אש עלתי
משרת אית רעת ז לכתב האדמם אש נשאם לן על בת (5) אלם עלת מצבת חרץ
ויטנאי בערפת בת אלם ען אש לכנת גו (6) ערב עלת מצבת ז ישאן בכסף אלם
בעל צדן דרכמנם 20 למחת (7) לכן ידע הצדנים כ ידע הגו לשלם חלפת אית
אדמם אש פעל (8) משרת את פן גו

(1) Τὸ κοινὸν τῶν Σιδωνίων
(2) Διοπείθ[η]ν Σιδώνιον

B. Punische Inschriften

61

A (1) נצב מלך (2) בעל אש ש(3)ם נחם לב(4)על חמן א(5)דן כ שמע (6) קל
דברי

B (1) נצ̊ב מלך (2) אמר אש ש(3)[ם אר]ש ל̊בעל (4) [חמן] אדן (5) [כ ש]מ̊ע קל̊
(6) [דב]רי

62

(1) פעל וחדש עם גול אית שלש [ואית] (2) מקדש בת צדמבעל ואית
מ[קדש ואית] (3) מקדש בת עשתרת ואית מקד[ש] (4) בעת ר
אדר ערכת ארש בן יאלפ̊[על] (5) שפט בן זיבקם בן עבדאשמן בן
יא[לפעל] (6) זבח בעלשלך בן חנא בן עבדאשמ[ן] (7) בלא בן
כלם בן יעזר שמר מחצב יא̊[ ] (8) עם גול

63

(1) לאדן לבעל חמן אש נדר חנא בן (2) אדנבעל בן גרעשתרת בן אדנבעל
(3) כ שמע קלא יברכא

64

(1) לאדן לבעשמם באינצם נצבם וחנוטם שנם 2 אש נדר בע(2)לחנא ש
בדמלקרת בן חנא בן אשמנעמס בן מהרבעל (3) בן אתש

65

(1) [אשר (?) ק]דש בנאם בפסלת כ[ ] (2) [ ]מ̊אדרנם ועד̊ צערנ[ם]
(3) [ ] במקר ב[ן] רשם ואדנבעל ו̊(4)[בע]לשלך וטנאם על
ה(5)[מלכת]־־ א̊שמניתן השפט בן עבד(6)[ב]דמלקרת בן מתן בן ארש
ו(7)[מל]ק̊רת בן ארש בן כנשי̊ וש(8)[ ]בן עמצא ומגן בן בדע
(9) [ג]רמלקרת בן בדמלקרת ועב(10)[ד]ן בן עזרבעל בן מגן ו̊רב
כהנם (11) [בעל]ח̊רש עכבר ה̊בנא אש צדן וח(12')[ברנם?]

66

(1) לאדן לאשמן מארח מזבח נחשת משקל לטרם מאת **100** אש נדר אכלין שחסגם אש בממלהת שמ]ע (2) ק]לא רפיא בשת שפטם חמלכת ועבדאשמן בן חמלך

(1) CLEON . SALARI(us) . SOC(iorum) . S(ervus) . AESCULAPIO . MERRE . DONUM . DEDIT . LUBENS

(2) MERITO . MERENTE

(1) Ἀσκληπίῳ Μηρρη ἀνάθημα βωμὸν ἔστη-
(2) σε Κλέων ὁ ἐπὶ τῶν ἁλῶν κατὰ πρόσταγμα

67

(1) קבר בעל(2)אֺבל אש(3)ת אֺרבע(4)ל בן מקם

68

(1) לאֺ ----- אדן חֺ ------ [אש] נֺדר ------ [אש ב]עֺםֺ (2) קרתחדשת בן חנבעל בן חמלכת בן גרמלקרת בֺ[ן ח]נבעל בן (3) מהרבעל בן גראשמן בן בדצד בן בעלשמע בן עבדתיון בן (4) פתא בן ארש בן גרא בן ימא בן חלבן בן חלצבעל בן מלכצד (5) כ שמע קלא עד פעמת ברבם

69

(1) בת בעלצֺפֺן בע[ת המש]אתת אש טנֺ[א שלשם האש אש על המשא]תת עת [ר חלצ]בעל השפט בן בדתנת בן בד[אשמן וחלצבעל] (2) השפט בן בדאשמן בן חלצבעל וחֺ[ברנם] (3) באלף כלל אם צועת אם שלם כלל לכהנם כסף עשרת **10** באחד ובֺכלל יכן לם עלת פן המשאת ז ש[אר משקל שלש מאת **300**] (4) ובצועת קצרת ויצלת וכן הערת והשלבם והפעמם ואחרי השאר לבעל הזבח (5) בעגל אש קרני למבמחסר באטומטא אם באיל כלל אם צו[עת] אם שלם כלל לכהנם כסף חמשת [**5** באחד ובכלל יכן לם על](6)ת פן המשאת ז שאר משקל מאת וחמשם **150** ובצועת קצרת ויצלת וכן הערת והשלבם והפע[מם ואחרי השאר לבעל הזבח] (7) ביבל אם בעז כלל אם צועת אם שלם כלל לכהנם כסף שקל **1** זר **2** באחד ובצועת יכ[ן לם עלת פן המשאת ז קצרת] (8) ויצלת וכן הערת והשלבם והפעמם ואחרי השאר לבעל הזבח (9) באמר אם בגדא אם בצרב איל כלל אם צועת אם שלם כ[ל]ל לכהנם כסף רבע שלשת זר [**2** באחד ובצועת יכן לם על(10)ת] פן המשאת ז קצרת ויצלת וכן הערת והשלבם והפעמם ואחרי השאר לבעל [הזבח] (11) [בצ]פר אגנן אם צץ שלם כל[ל] אם שצף אם חזת לכהנם כסף רבע שלשת זר **2** באחד וכן הש[אר לבעל

הזבח] (12) [ע]ל צפר אם קדמת קדשת אם זבח צד אם זבח שמן לכהנם כסף א[גרת] 10 לבאחד [ ] (13) [ב]כל צועת אש יעמס פנת אלם יכן לכהנם קצרת ויצלת ו[ב]צועת [ ] (14) [ע]ל בלל ועל חלב ועל חלב ועל כל זבח אש אדם לזבח במנח̊[ת־־־] י[כן לכהנם] (15) בכל זבח אש יזבח דל מקנא אם דל צפר בל יכן לכהנ[ם מנם] (16) כל מזרח וכל שפח וכל מרזח אלם וכל אדמם אש יזבח [ ] (17) האדמם המת משאת על זבח אחד כמדת שת בכתב[ת] (18) [כ]ל משאת אש איבל שת בפס ז ונתן לפי הכתבת אש [כתב

האשם אש על המשאתת עת ר חלצבעל בן בדתנ](19)ת וחלצבעל בן בדאשמן וחברנם (20) כל כהן אש יקח משאת בדץ לאש שת בפס ז ונענ[ש] (21) כל בעל זבח אש איבל יתן את כ[...]ל המשאת א̊ש̊ ....

70

(1) קבר זיבקת הכהנ[ת ל]ר̊ב̊ת̊ [....]א̊ ב̊ת̊ (2) עבדאשמן בן בעליתן בן עבדאשמן אשת (3) בעלחנא מ̊ק̊[ם] אל[ם] ב̊ן̊ עבדמלקרת בן (4) חמלכת בן עבדאשמן אבל לפתח

71

(1) לאדן לעזז (2) מלכעשתרת ולעבד(3)ם לעם אגדר

72

A (1) לאדן לארשף מלקרת מקד[ש] (2) ז אש נדר אשאדר בן עש̊[ ] (3) בן ברגד בן אשמנחל[ץ]

B (1) פעל וגדר וחדש אית הגז̊ת (2) סת עבדאשמן בן עזרבעל (3) הכהן לרבעתן לתנת אדרת (4) והגד ובעל חרש הא בתם

73

(1) לעשתר(2)ת לפגמלין (3) ידעמלך בן (4) פדי חלץ (5) אש חלץ (6) פגמלין

74

(1) בעת המשאתת אש טנא [שלשם האש אש על המשאתת] (2) [באלף כללם אם צועת וכן הע]רת לכהנם ותברת לבעל הזבח א[ם לתת לכהן אית] (3) [באיל כללם אם צועת וכן ה]ערת לכהנם ותברת לבעל הזבח [אם לתת לכהן אית] (4) [ביבל אם בעז כללם אם] צועת וכן ערת העזם לכהנם וכן האשל[בם והפעמם] (5) [באמר אם בגדא אם ב]צרב איל כללם אם צועת וכן הערת לכה[נם] (6) [בכל זבח אש יזב]ח דל מקנא בל יכן לכהן מנם (7) [בצפר אגנן אם] בצץ כסף זר 2 על אחד (8) [בכל צועת א]ש יעמס בנת אלם כן לכהן קצרת ו[יצלת] (9) [על כל קדמת] קדשת ועל זבח צד ועל

זבח שמן [ ] (10) [על בלל ו]על חלב ועל זבח במנחת ועל [כל זבח אש
אדם לזבח [ ] (11) [כל משאת אש] איבל שת בפס ז ונת[ן]

75

(1) על בלל ועל חלב [ ] (2) כל משאת אש א[ ] (3) כל כהן אש יקח
[ ] (4) כל בעל זבח אש א[ ] (5) כל אדם אש ימכר [ ]
(6) ידח אית הפס ז [ ] (7) פדס בן אשמנחל[ץ]

76

A

[...............] ־
[............... בל]ל
[...............(קדמת
[....]תד לסוית עלת
[...]ת אש כן יא ומח
[....]בבוץ ומכסא תח
[.......]בׄלל וקדמת

B

(1) ים הארבעי
(2) שח פר יא הקדש [..........]
(3) הקדש בחדרת ולחם קט[רת ...]
(4) הקדשת יכן הלחם הא ורב[...]
(5) ותין יא לבן לקחת תשקד [...]
(6) וקטרת לבנת דקת שבע כמ[...]
(7) ים החמשי
(8) לשת עלת החדרת נפת ע[....]
(9) בנם מאתם וכס[.........]
(10) ט חמשתׄ ־[............]

77

(1) לאדן לשדרבא מזבח אבן אש בן [..]יקץ אלם במס[ר] ברכ(2)מלקרת [א]ש
ע[ז]רבעל בן גרסכן בן מגן בן חמלכת בן כנת [ב(3)ן] קט[ן] בשת שפטם אדנבעל
ואדנבעל בן בדמלקרת תשמע ק(4)לם

78

(1) יברכי וישמע קל עד עלם (2) לאדן לבעל שמם ולרבת לתנת פן בעל
(3) ולאדן לבעל חמן ולאדן לבעל מ(4)גנם . מנצבת פסלת [ש]קׄד ־ת[..]א
(5) אבן ארכת בכדׄש בעל חמן פני מבא (6) השמש וצדא מצא השמש אש נדר
ב(7)עלי בן בעליתן בן עבדאשמן בן בעלי (8) הרב בן פנפא השפט בן
עבדא[שמ]ן בן (9) רשא בן עמא בן אדי בן שמעמלך ב⟨ן⟩ (10) בדאשמן בן שלן
בן עבדרע בן אתן בן ב(11)דאשמן בן אבקם בן מצרי

79

(1) לרבת לתנת פן בעל (2) ולאדן לבעל חמן (3) אש נדר כנמי ע(4)בד
אשמנעמס (5) בן בעליתן בש(6)רי תברכא וכ(7)ל אש לסר ת אב(8)ן ז בי פי אנך
ו(9)בי פי אדם בש(10)מי ושפט תנת פן (11) בעל ברח אדם הא

80

(1) חדש ופעל אית המטבח ז דל פעמם עשרת האשם אש על המקדשם אש כן בשת ש[ ] (2) גרסכן וגרעשתרת בן יחנבעל בן עזרבעל בן שפט ובדעשתרת בן [ ]

81

(1) לרבת לעשתרת ולתנת בלבנן מקדשם חדשם כם כל אש בנ[ ]
(2) וחחרטית אש במקדשם אל ודל מלכת החרץ ודל כל מנם א[ש]
(3) ודל כל מנם במאזנם המקדשם אל ודל העלם אש על פן המקדש[ם אל] (4) אש יבא עלת החרז שמקדשם אל כם שחגר השמרת להר הא
[ ] (5) אדרנם ועד צערנם למבירח חיר שפטם עבדמלקרת ו[ ]
(6) י שפטם שפט וחנא בן אדנבעל ורב עבדמלקרת בן מגן בן[בעלי](7)תן בן עבדלאי בן בעליתן בן אשמנפלס ועבדארש בן עבד[ב](8)ן עבדמלקרת הרב ורב כהנם עזרבעל בן שפט רב כה[נם בן בע](9)לשלך רב כהנם ובעל חרש עכברם הפלס בן חנבעל

82

נדר עבדך מלכיתן השפט בן מהרבעל השפט

83

לרבת לאמא ולרבת לבעלת החדרת אש פעל חמלר בן בעלחנא

84

[נ]דר בעלשלך בן עכבר על בנם תשמע קלא תברכא

85

(1) לרבת לתנת פן בעל (2) ולאדן לבעל חמן (3) אש נדר חמלכת בן
(4) עבדמלקרת בן ית(5)נצד בן עבדמלקרת (6) בן מהרבעל

86

(1) לרבת לתנת פן בעל ו(2)לאדן לבעל חמן אש נ(3)דר עבדמלכת בן אשתר(4)תיתן אש בעם רש מלקרת

87

(1) [ל]רבת לתמת (2) [פ]ן בעל ולאד(3)ן לבחלמן אש (4) נעדר חתלת בת (5) חנא אשפט בן (6) עזמלך אשפט

88

(1) לרבת לתנת פן בעל ולא(2)[דן] לבעל חמן אש נדר(3)א̊ [מ]תנבעל אשת עבדמ(4)לקרת בן בעלחנא בן (5) בדעשתרת כ שמא קלא (6) יברכא

89

(1) רבת חות אלת מלכת ש יסך ה̊א (2) אתך אנכי מצלח אית אמע[ש]תרת (3) ואית עמרת ואית כל אש לא כא (4) ע̊לצא עלתי בכסף ⟨אש⟩ אברחת צ̊לם (5) ־[.]אם אית כל אדם אש על֗ץ עלתי (6) ⟨ב⟩ב̊ר̊ח̊ת הכסף ז כמ[.] תיסך אעפרת

90

(1) קבר בעלחנא בן בדע(2)שתרת בן גר̣מלקרת (3) בן בדמלקרת מקם אלם

91

(1) קבר ערשת בת פלאסר בן (2) עבדאסר אשת עבדא(3)שמן בן חמלכת

92

קבר שבלת סחרת הקרת

93

(1) קבער צפנבעל הכהנת בת עזרבעל (2) בן מגן בן בדעשתרת אשת חנא השפט (3) רב כהנם בן עבדמלקרת השפט רב כ(4)הנם מקם אלם מתרח עשתרני

94

(1) לארבת לתנת פנע ⟨ב⟩על ולעדן (2) נבעל חבן אש נדר̊ י̊ג̊רש

95

(1) קבר בתבעל רב כהנם בת חמלכת הרב (2) בן מגן בן בדעשתרת אשת
חמלכת השפט בן (3) בדעשתרת השפט בן אדנבעל השפט בן עזמלך (4) השפט

96

(1) [.......]־חצא כם כל אש פעל בבת֯ (2) [.................]
־מותביכרשמותכרבמעל (3) [.....]ת שפטם בדמלקרת ומלקרתחליץ (4) [...]־ בן
פנפא ועבדאשמן בן גרמלקרת (5) [.....]מטנאם על המלכת ז מגן בן בעלשלך (6)
[.... י]תן וחמלך בן בעלשלך בן אדנבעל בן (7) [... בע]ל בן בדמלקרת בן
אדנבעל בן חמל[כת] (8) [.......]שפט בן גרסכן רב כהנם[.....]

97

(1) לרבת לתנת פנע בעל (2) ולאדן לבעל הבן אש (3) נדר מגן בן אנתחן

98

(1) לאדן לבעל חמן [נצ]ב (2) מלך בעל אורם אש נד(3)ר בעלשלך בן עזרבעל
(4) בן מתר כ שמא קל יב(5)רכא

99

(1) לאדן לבעל מתנת (2) מתנתא מלך בעל אש (3) נדר עזרבעל בן (4) בעלחנא
בן בעלית(5)ן אש בעם איתנם

100

(1) [מ]צבת . שאטב֯ן . בן . יפמטת . בן . פלו (2) הבנם . שאבנם . עבארש .
בן . עבד֯שתרת (3) זמר . בן . אטבן . בן . יפמטת . בן . פלו . (4) מנגי . בן .
ורס[כן] (5) ובאזרת . שלא . ־־ת . זזי . וטמן . וורסכן . (6) החרשם . שיר .
מסדל . בן ננפסן . ואנכן . ב[ן] . אשי (7) הנסכם . ש ברזל . שפט . בן . בלל
. ופפי . בן . ב֯בי

Numidisch

(1) [........NṬBN] . WJPMṬṬ . WP[L]W
(2) [.........W]DRŠ . WWDŠTR
(3) [ZMR . W]ṬBN . WJPMṬṬ . WPLW
(4) MNGJ WWRŠ̀KN
(5) KŠ̀LNS . ŻŻL . ṬMN . WRŠ̀KN

(6) NBBN . NŠQR' . MSDL . WNNPSN . NKN . WŠJ
(7) NBṬN . NZL' . ŠPṬ . WBLL . PPJ . WBBJ

101

(1) ת מקדש ז בנא בעלא תבגג למסנסן הממלכת בן געיי הממלכת בן זללסן
השפט בשת עסר ש[מלך] (2) מכוסן
בשת שפט הממלכת בן אפשן הממלכת רבת מאת שנך בן בני ושפט בן נגם בן
תנכו (3) מצצכוי מגן בן ירשתן בן סדילן וגזבי מגן בן שפט רב מאת בן עבדאשמן
ה[ממל]כת (4) גלדגימל זמר בן מסנף בן עבדאשמן ואד[ר] חמשם האש מקלא בן
אשין הממלכת בן מגן הממל[כת] (5) טנאם על המלכת ז אשין בן אנככן בן פטש
וארש בן שפט בן שנך

Numidisch

(1) ṢKN . TBGG . BNP?TŠN? . MSNSN . GLDT . WGJJ . GLDT . WZLLSN . ŠPṬ[T]

(2) ŠBŠND' . ŠGDT . SJS' . GLD . MKWSN

(3) ŠPṬ . GLDT . WPŠN . GLDT . MWSN' . ŠNK . WBNJ . WŠNK . DŠPṬ . WM[GN] (4) WTNKW . MṢṢKW . MGN . WJRŠTN . WŠDJLN . GḎB . MGN . WŠPṬ . MW[SNT] (5) WŠMN . GLDT . GLDGMJL . ZMR . WMSNP . WŠMN . GLDMṢK . MQ[L'] (6) WŠJN . GLDT . WMGN . GLDT . ṬNJN . ŠJN . WNKKN . WPṬŠ . DRŠ[.W](7)ŠPṬ . WŠNK .

(6) והבנאם חנא בן יתנבעל בן חנבעל ונפטסן בן שפ̊ט

102

(1) לאדן לבעל חמן ורבתן תנת (2) פעל בעל מתנת אש טנא (3) יחואלן בן
עבדאשמן (4) כ שמע קלא ברכא

103

(1) לאדן לבעל חמן מלך (2) אדם נדר אש נדר בעלפדא (3) בן מגן [כ] שמא
קלא (4) ברכא

104

(1) לאדן לאלן הקדש בעל חמן מתנת (2) אש נדר הנא בן מגן בשרם בת(3)ם כ
שמא קלא ברכא

105

(1) לאדן לבעל חמן ולרבת לתנת פען בעל (2) נדר אש נדר חמלכ̊ת בן
בעשתרת (3) בן נבל מלך אדם בשערם בתם (4) כ שמע קלא ברכיא

106

(1) לאדן לבחל חמן מל(2)ך אדם בשרם בתם אש (3) נדר עפשחר כא שמא
(4) קלא ברכא

107

(1) לעדן לבעל חמן (2) נדר אש נעדר (3) אדנבעל בן עבדאשמן (4) מלך אדם
בשרם בנע תם (5) שמא קלא ברכא

108

(1) לאדן לבעל עמן (2) נדר אש נדר שפט (3) בן עפלניס בשראם (4) בתם
תשמא קל(5)א ברכא

109

(1) לאדן לבעל חמן מלך (2) אמר נדר אש נדר א(3)כברת בת [ ]

110

(1) לאדן לבעל חמן מלך אמ̊/ת̊ר נדר (2) אש נדר בדעשתרת בן עבדמלקרת
(3) בירח מפע לפני באחת{ת} ארבע(4)ם שת למלכי כשמע קלא ברכא

111

(1) לאדן לבעל חמן נדר אש נד(2)ר מתנאלם בן שפט בעסר ו(3)שמן לירח
מרפאם בששת א(4)רבעם שת למלכי מסנס(5)ן הממלכת כא שמא קלא (6)
ברכא

112

(1) מתנת אש טנא בעל(2)יתן בן שנך לבעל אד(3)ר שמא קלא בעסר ועמ(4)ש
לירח פעלת בששת חמשם (5) שת למלכנם מכוסן וגלסן ו(6)מסתנעבא אממלכת

113

A (1) לאדן לבעל חמן מתנת (2) אש נדר מגן בן בעלח(3)נא כא שמע קלא
ברכא

B (1) ים נע(2)ם הים ז (3) למגן

114

(1) נדר ארש בן עבדאש(2)מן לאדן לבעלמן (3) הקדש שם קלא בר[כא]

115

(1) שלם בדעשתרת בן בדאשמן (2) אית נדרא בת בעל אדר

116

(1) לאדן לבעל חמן (2) אש נדר עבדאשמן (3) בן מאדר אש כנען (4) מקרמל בעל אי(5)ערם שמע קלא ברכא

C. Neupunische Inschriften

117

(1) לעל[נם] אראפאם ש עפולא֯ (2) מעכ[שמ]א רידעי בן יובזעלען (3) בן
יורע֯[ת]ען המתאבי בענע תענב(4)רע אשת[א] על פודנש ושאוא{וא}(5)רא
ומעכ[שמ]א בענ[נם(?)]

(1) D(is) M(anibus) SAC(rum)
(2) Q(uintus) APULEUS MAXSSIMUS
(3) QUI ET RIDEUS VOCABA
(4) TUR IUZALE F(ilius) IURATHE N(epos)
(5) VIX(it) AN(nis) LXXXX THANUBRA
(6) CONIUNX ET PUDENS ET SE
(7) VERUS ET MAXSIMUS F(ilii)
(8) PIISSIMI P(atri) AMANTISSIMO S(ua) P(ecunia) F(ecerunt)

118

(1) לאדן לאמן מאש אלם שפער סת ומקדש בתאי וח֯[ע]ר֯פ֯א֯ת֯ א֯ש֯ ב֯א֯נ֯א֯ ואיק֯ד֯ש֯
(2) בשת רב תאחת רב מחנת בשד לובים לוקי עילי לעמיע נ/תכסף בן
(3) ש֯ע֯ס֯ידועסנ/ת בן נ/תמר֯ר אש בבנא מעסנכעו . בתצאתם ב֯תם

119

(1) לאדן לשדרפא ולמלכעשתרת רבת אלפקי מאש ----[ ] (2) הא דל
הכתערת על באטנא אש נדר וטינא אדרבעל בן כ[בדמלקרת] (3) בן בד֯עשתרת
מפקד בירח חיר שפטם באלפקי ארש ובדמלק֯[רת] (4) מאש הנחשת על
מאכנא איתכדא אדרא אלפקי וכל עם א[ל]פ֯[קי] (5) לאדם הא לאדרבעל את
משותם בתכלת מקם לפי כל ערכאמלא[ ] (6) עלנם ולמחת כל נשא יעגן
ובצעם נעמם את מאנשא ונ֯בצע למלכת המק֯[ם] (7) ולמחת ב/כמיפא איבלאם
את אבתם ואת תארם על ערב מלכת המקם את (8) כל הבעת כ שמעא קלא
ברכ׳א

120

(1) מינכד קעיסר עוגסטס בן אל֯ם רב מחנת פעמאת עסר ואחת . ומינכד פעמאת עסר וארבע ו֯ת֯ח֯ת משלת עסר המשלם פעמאת עסר וחמש . אד[ר כהנם ....] (2) וזבחם להמינכד קעיסר אדנבעל בן ארש פ֯ילת/ן ועבדמלקרת בן חנבעל בעל שלם הרשת/ן . שפטם מתן בן חנא פעל השחם ו[..... בן ..... ת המבנת(?) סת] (3) חנבעל בן חמלכת טבחפי רופס שפט זבח אד֯ר֯ עזרם בן ארם [פעל ואיקדש]

[IMP(erator) CAESAR DIVI F(ilius) AUGUSTUS] CO(n)S(ul) XI IMP(erator) XIIII TRIB(unicia) POT(estate) XV PONT(ifex) MAXIMUS

M(arco) LICINIO M(arci) F(ilio) CRASSO FRUGI CO(n)S(ule) AUGURE PROCO(n)S(ule) PATRONO FLAMINIB(us) AUGUST(i) CAESARIS IDDIB[A]LE ARINIS F(ilio) [..(.)]ONE [ET ...(.) ..A]NNOBALIS F(ilio) [...(.)]ON [.(.)SU]FETIB(us) MUTTUN ANNONIS F(ilio) [....]

ANNOBAL IMILCHONIS ⟨HIMILCHO⟩ F(ilius) TAPAPIUS RUFUS SUFES FLAMEN PRAEFECTUS SACRORUM DE SUA PEQU[NIA FACIUN]DUM COE[RAVIT IDEM]QUE DE[D]ICAVIT

121

(1) חנבעל מישקל ארץ מחב דעת התמת זבח שפט אדר (2) עזרם בן חמלכת טבחפי ראפס בן ארם בתם פעל ואיקדש

(1) IMP(eratore) CAESARE DIVI F(ilio) AUG(usto) PONT(ifice) MAX(imo) TR(ibunicia) POT(estate) XXIV CO(n)S(ule) XIII PATRE PATR(iae) (2) ANNOBAL RUFUS ORNATOR PATRIAE AMATOR CONCORDIAE (3) FLAMEN SUFES PRAEF(ectus) SACR(orum) HIMILCHONIS TAPAPI F(ilius) D(e) S(ua) P(ecunia) FAC(iendum) COER(avit) (4) IDEMQ(ue) DEDICAVIT

122

(1) [שאלם עוגס]טס והרמא וטברי עוגסטס ויהליע עוגסטע וגרמעניקס וד֯ראסס קעיסר֯ ועגריפינ֯[ע אשת ש]ג֯רמעניקס ו֯[ליויע אשת שדרא]סס וענטאניע א֯[ם גר]מעניקס ועגריפינ[ע אם] דרא֯ס֯ס ומאסף֯ שהנסכת שאלם עוגסטס וכסאת שהנסכת לאלם עוגסטס (2) ו[שהנסכת לאלם] עוגסטס ומסויאת שהנסכת שגרמעניקס ושדראסס קעיס[ר]אינת שלטברי עוגסטס וקעדריגע של֯[גרמעני]ק֯ס֯ ולדראסס ק֯[עיסר] ודלהת שנחשת ומספנ֯ת מחער֯פ֯[ת וח]צרת המקדש ושערפאת נלקחא בתצאת מקם נעתר שפטם בעליתן בן חנא ג־סעטרנינא (3) ובדמלקרת בן בדמלקרת טבחפי [ ]ריקלא

123

(1) יתנבעל בן ארש טבחפי (2) סעבינא טינא לאחת (3) אמם ארשת בת יתנבעל
(4) הבנא סכר כבד על (5) פעלת מעשרת

124

(1) געי בן חנא למבשם געי בן בנם מעקר ת עמדם ו(2)ת המעקאם יגן ות המחז
רבד למבמלכתם בתם בעליתן (3) קמדא אש עלא בבן מאת מעקר בן געי
בכתבת דברא (4) הבת שגעי בן חנא כעס לפעל וחתם

TI(berio) CLAUDIO DRUSI F(ilio) CAESARI AUG(usto) GERMANICO PON[TIF(ici)] MAX(imo) TRIB(unicia) POTEST(ate) XIII IMP(eratori) XVII CO(n)S(uli) V CENS(ori) P(atri) P(atriae) M(arcus) POMPEIUS SILVANUS CO(n)S(ul) X-VIR S(acris) F(aciundis) PROCO(n)S(ul) PATRON(us) DEDICAVIT Q(uinto) CASSIO GRATO PR(aetore) PROCO(n)S(ule) CRETAE ET CYRENA[RU]M LEG(ato) PROPR(aetore) AFRICAE C(aius) ANNONIS F(ilius) NOMINE [C(ai)] ANNONIS F(ilii) N(epotis) SUI COLUMNAS CUM SUPERFICIE ET FORUM D(e) S(ua) P(ecunia) D(edit) BALITHO ANNONIS MACRI F(ilius) COMMODUS TESTAMENTO ADOPTATUS F(aciendum) C(uravit)

125

[ ]עידלס קועטרבר למב̊[ש]פ/כח̊ בת[ם]

NEPTU[NO] AUG(usto) S[AC(rum)] C(aius) SOSSIOS [MAG]NUS IIII-V[IR AED(ilicia)] POT(estate) DE SUA [PECUNIA POSUIT]

126

[.....] (1) בן טיברי ק[לעודי סאסתי] (2) אדר עזרם . ז[בח לאלם] (3)
ואספעסיענא [ש]פ̊ט̊ (4) זבח ל̊כ̊[ל חי]ת מחב ארץ מ̊(5)חב בנא עם מישקל ארץ
(6) מש̊לך בנא עם מחב דעת התמת (7) למי לפני אדרא אלפקי ועם אלפקי (8)
לפי מאסא אבתם ומאסם בנ/תם (9) יתנא לעבד בצפאת כל חעתם (10 מזבח
ופאדי (11) פעל למבמלכתם בתם

(1) IMP(eratore) CAESARE DIVI VESPASIANI F(ilio) DOMITIANO AUGUSTO GERMANICO PONTIF(ice) MAX(imo) TRIB(unica) POTEST(ate) XI IMP(eratore) XXI CO(n)S(ule) XVI CENSORE PE[RPETU]O PATRE PATRIAE

(2) TI(berius) CLAUDIUS QUIR(ina tribu) SESTIUS TI(beri) CLAUDI SESTI F(ilius) PRAEFECTUS SACRORUM FLAMEN DIVI VESPASIANI

SUFES FLAMEN PERPETUUS AMATOR PATRIAE AMATOR CIVIUM ORNATOR PATRIAE AMATOR CONCORDIAE CUI PRIMO ORDO ET POPULUS OB MERITA MAIORUM EIUS ET IPSIUS LATO CLAVO SEMPER UTI CONCE[SSIT]

(3) PODI(um) ET ARAM D(e) S(ua) P(ecunia) F(acienda) C(uravit)

127

(1) LIBERO PATRI SAC(rum)

(2) BONCARTH MUT̊H̊UMBALIS F(ilius)

(3) SO̊BTI III-VIR MACELL̊I EX MULTIS

(4) LXII QUIBUS ADIECIT DE SUO LIII

(1) מאש ז טינא לאדן שדרפא ב̊ד̊מלקרת בן מתנבעל שמכי

(2) מ̊ס̊פ̊ר̊]   [הב̊קר שפטם̊ טנאת̊

(3) ט̊]   [וששם ושנם

(4)]   דנע]ר̊יא חמשם ושלש

128

(1) למתנבעל ע[   ]ע/ד/ב/רלא בן מסלם (2) קבער ט̊[נא   סכ]ר דרא לאולם (3) לאב חוא ש̊[ע]נ̊ת̊ שמן שש נפש מת

129

(1) לאדן לאל קן ארץ בנא ו(2)איקדש ת עכסנדרע ות ערפת סת (3) בתצאתם בתם קענדדא בן קענדדא (4) בן חנא בן עבדמלקרת כ שמע קלא ברכא

130

(1) נפעלא שש הישבם אלא בשת שפטם עבדמלקרת טבחפי וארש ה{פ}רב תמנם דנעריא (2) מאת ושלשם ושלש בתם תמנם דנעריא שמנם וכת/נדרם תשע למבענשם אש בצד (3) על המחזם אש כנא בהשת הי ותמנם דנעריא חמשם ושנם ו[....] (4) [   ]א/ע̊כ/בת/נמ̊ק̊מ̊[   ] (5) [על המח]זם קענדדא ודנטא ישבם ארבע פעלא בענשם ערכת אש על המחזם אדנ(6)בעל בן חנבעל צדשמר עדימן וחנא בן ארשם יגמעך

(1) IUTTAPH DOMITIUS SUF(es) D(e) S(ua) P(ecunia) F(aciendum) C(uravit)

(2) AEDILES S(ua) P(ecunia) D(ono) D(ederunt)

131

אדרבעל הר/ת/נבא

132

(1) לעיליענא (2) פעלא בתם

133

(1) טענא אבן ז לבעל̊ש̇(2)מע בן מעסקלא־(3)א בן שענת שבעם

134

(1) טנא עבן ז לפלכס בן (2) פעוסתא וכן שנת שלש (3) תם בעים

135

(1) טע⟨נא⟩ א⟨ב⟩ן ז לברכ⟨ב⟩על (2) בת יעשדבי (3) ועוע שענת (4) אסרם ועמש

136

(1) נ̇א̇פש ש עדית הנ̇(2)כת עבנת מתע בת ש(3)ענת שבעם ושבע (4) וכנע שענת עסר (5) ושמן רעשע (6) משער̇ת נצב̇

137

(1) לאדן לבעל ולתנת פן בעל מקדשם שנם אש פעל בעל תנסמת בשת שפטם (2) חמלך וחמלך בן אנכן כנא על מלכת הבנא אש במקדשם אל (3) אפשן בן גדסן ובעלחנא בן מסכר ועל מלכת המטח (4) פרנכן בן מנדכן וישדא בן אנכן בא האלנם אל עלת ה(5)מקדשם אל בעסר ושבע לירח מפע לפני השת ז נפעל נבל (6) נסכת ארבע עלת המקדשם אל ספם שנם וזברם שנם וננתן (7) את הכהנם את ארש בן אנכן ואת בדעשתרת בן יפש

138

(1) לבעל אדר התקדש (2) בעלשילך בן מערקא עויעני (3) ת המזבח שהמקנת שעברא (4) שעגע שבשם המלכת בתם כם (5) בכתעב סלם בתארם בתם (6) חידש ואיקדש

139

(1) לי[ג]ועכנ̊י בן כנרדעת בן (2) מסיעלן טנא אבנם אלא

Numidisch:

A (1) JGWKN (2) WKNRDT (3) NNBJ
B (1) WM[ ] (2) WD[ ] (3) [ ]

140

(1) בנא ב[ת] ז [ק]וער[ט]ה֯ בת נפתחן (2) בעל געל [אש]ת קלר בן המענ/תת/נ
הכנת (3) בא֯[....]ת֯ הל֯[.....]י֯חנ/תכ/בא/שעס/שים (4) ש֯עט֯ר רגעטא֯ בר֯ט֯א֯ ה֯מע
נ/תת/נ נעמפ(5)[עמא ו]אלס/ש בן֯ ק֯ל֯ר֯ ב֯ן ה֯מענ/תת/נ בעלא (6) [געל] ב֯ענים
ר֯ופא וחמלכת בע(7)[לא ....] וחוא ש֯ענת ע֯מ֯ש֯ם ו[ ]

(1) QUARTA NYPTANIS [F(ilia) G]
(2) A[L]E(n)SIS UXSOR CELERIS
(3) MANTIS(?) F(ilii) SACERDOS MAGNA
(4) CONDITIU(m) S(ua) P(ecunia) F(ecit) CU[RA]TORIB
(5) US SATURUM ROGATO BRUTI
(6) ONE MANIU [N]AM[F]AMONE
(7) VALENTE CELER[IS F(ilio) STRU(ctoribus)[R]UF[O]
(8) IMILCONE-UL-SES VI[XIT]

141

(1) ט֯נא ת֯ אבן ז ולבח אש על ארצת תשכעת (2) בנ־־ש בנדוש במנחת בנפ֯ל֯ס֯ם
במ֯[לכ]ת (3)מכוסן הממלכת בשת עסרם ואחת (4) למלכם למבאבן אש על
הסיוע֯ת ועד את (5) אבן ז מר֯צם מאתם וארבעם

142

(1) גע[ד]עי בן פלכש בן פחלען אקילא (2) עוה שענ֯א[ת] שי[ש]ם ושאש
ושהקנד(3)ע בת שקנ֯דע אש֯[ת]א עוע שענת (4) פהלא לאבענהם מנצבת שעטרי
וגעדי (5) ע֯־כ֯ב֯עבדמונ־אאפהעמתרעק֯־אאת֯מ (6) בת֯הנ֯ם פהלא נ֯צת֯ג עוע שת֯
הנמ־־וב־ משית֯ (7) ח֯ע[...]־[.]ע־־־ ש֯עטר֯ ב֯[...]־־אקבר בשלם

DIS MANIB(us) SACR(um). GADAEUS FELICIS FIL(ius) PIUS VIX(it) ANNIS LXVI HIC SIT(us) EST. SECUNDA SECUNDI FIL(ia) V(ixit) A(nnis) [ ]. SATURIO ET GADAEUS PATRI PIISSIMO POSUERUNT.

143

(1) עבן אש טענע למתנב(2)על בת פרימא טינא (3) סעטרנינא איש לא ע(4)עוע
שענת ערבם וחד

144

(1) עבן אש טנא לרו[פא] (2) בן מונטענא ועוא שענת (3) עסר ושעלש

145

I (1) המזרח אש לדרת אש בנא מקדש חצרת (2) פחנת קדשם מחזת שתעת אל עמת (3) עטרת אדראת לא ולעמא ישב אדמת (4) לאלם הקידש לשאת אחת שמם בטוב֯ (5) מלך חטר מיסכר רזן ימם בעל חרדת (6) על גברתם כעתבתי יתנת֯י֯ שבעת

II (7) סמל מרנ֯[...]חסיד תם פ֯לתא על מעבר (8) ירד בעמק הלח ואחרסת [א]ש תעת אדרת (9) ראשא צלק אתם ליטא ודל עקצב חבערת (10) ש חרץ דערכן ולנאחן י֯ת֯ן נפ֯תחת (11) כילן באש֯ר לב פעלן ביתן שבעת

III (12) ש֯מאת המזרח אש (13) איכרמא ת המנחת (14) קרא לממלא מתא (15) למדת ת֯ מעז֯רת

IV (16) רב מזרח סהלכני בן מאנזמער (17) מעסיר בן פלכעי (18) בעלשמע בן מעסקלת (19) קערטא בן סלסמין

V (20) סהלכני בן יסתעתן (21) שעפרגם בן דבער (22) מתנבעל בן ברכבעל

VI (23) רופא בן מעסתיבער (24) מתנבעל בן בעות (25) בעליתן בן בוביל (26) יעסכתען בן ־־־מלקרת

VII (27) יעסכתן בן ארש (28) מתנבעל בן סלכענ֯י֯ (29) ראסתיטטא בן רס֯י (30) איכנע בן מער֯זא (31) סלכני בן מעסקלת (32) א[.....]בן ארשם

VIII (33) כעפ֯א בן בעליתן (34) לקי בן געלגסת (35) עבדמלקרת בן בעליתן (36) שעפרגם בן ברכבעל (37) בעסא בן אדרבעל (38) מערולני בן מעסיס֯ען

IX (39) ברכבעל בן דבער (40) כנ֯ר֯ס֯ן בן בעלשלך (41) יעסכתען בן בעליתן (42) בעלשמע בן מערוזא (43) מעסקלת (44) ברכבעל בן געגירת

X (45) ראגעטא בן הכהנת (46) אזרמען בן י֯סתעתן (47) עומז֯גוער בן מעסירחן

146

(1) נבנא [כ]א המקדש ס לעטר מסכר (2) בניא יפתען בן יפשר֯ וברך בן סלדי(3)א ומתנבעל בן ברך ומתנבעל בן בעליתן (4) ־חסגן ש המקם שפטם עומזגוער (5) בן תתעי ומנד֯סען בן שב֯עטן מסולי (6) ומסיגרען בן קפש֯י֯[.........]שמע קלם

147

(1) המזרח אס [ ] (2) גד השׂמם נדער נדרא אש ל[ ] (3) שלא תתהא לאב ברכת מל[כ] (4) הנדער קלא שלא עזבׂ[ ]

148

(1) ט[ע]ן ז לתועלב בת בעל(2)יתן בת שענת הסרם (3) ושבע

149

(1) נבנע המנבצבת ז (2) לשבע בת יעסכתען (3) עשת מעגרסען בן (4) לקי עוע שענת ששם

150

(1) טנע עבן ז ליעלגם (2) בן סתן[בעל] בעל המכתער(3)ם ו[דר]ם שלא

151

(1) טנא הבן אסת (2) לסולע בן חמלכת (3) סכא בן שנת שנם

152

(1) יעסכתען בן סעלדיא בעל המכתערם (2) הנכת קיבר תחת אבן זת עבנ(3)[ת] בן ששם שת ושלש תם בחים

IASUCTA . SELIDIV . F(ilius)
VIXIT . ANNIS . LXIII . HONESTE

153

(1) אבן ז טנאת לבעלחנא בן (2) יפדעת המדיתא טנא לא שד(3)ברעת בן אשתארני פיקא ב(4)שד לבים יחוא בנישדב(5)רעתעדׂבׂעל תאשכמסת

Numidisch:

B'N' WJPDT MDJT'
MSW['] MWL' MNKD[']

154

(1) טענא עב(2)ן ז לי֗וליע (3) הצדיקע

155

(1) נדער אש נעד(2)רא בעלא מי(3)ד̊ר̊[ם(?)   ]

156

נדער אש נעדר אמיעל

157

(1) טענה עבן ז לד̊עב̊ר̊ (2) בן שפרגם עוע [שע]נת (3) שישם ועמש

158

(1) טענא עבן ז לסולע בן (2) סלדעם עוה שענת (3) עסרם ואד

159

(1) לאדן בעל חמן באלתברש נדר אש נדרא עבדמלקרת כנש בן כנסאען --
(2) מעריש בן תברסן ושטמן בן יכסלתן ומסהבא בן לילעי וגגם בן שסיעת
ו(3)מאגמע בן תברסן ויעסמזגר בן סבג ואדנבעל בן ילל וגזר בן כנזרמן ומעריש
(4) בן לבוא וזעלגם בן שטוען ויעסתאן בן מסהבא וחברנם המזרח ו(5)נסמרן
בנאת ואיספן עלת מקדשם בירח כרר שת בלל הזבח בן-- גטען ב(6)שפטם
מסהבא בן יזרם ועזרבעל בן ברך וס[ד]כ̊סלן בן זעזבל ומביו הצפא ש (7) על
כמר ניעטמן וכהן לבעל חמן ורוצ̊ן בן ארש כא שמע קלם ברכם (8) אש העלא
[כ]א עלת או מ[נ(?)]חת במקדש (9) אש [עבד]מלך [שם] נדרא

160

(1) [א]ש יתנא לי ת אכתרת בעים שכערנם (2) [א]ש איש לנקשמי
כיתב וביתשעת (3) [ח]צא נכאת שומיוש כנשא שעת (4) [   ]טא
שעטרנינא בן שעטר (5) [ח]שב שעת ברכבעל בן מתן (6) [   ]ש̊עת

Fragment 1

(1) QUOD BONUM FAU[STUM FE-]
(2) [L]IXQUE SIT SOD[ALIBUS(?)]
(3) [TUR]IS IGNE(i) QUIS [VELIT]
(4) [   ]ISA JOVIS[   ]
(5) [   ]TEMPLO PO[NERE]
(6) [   ]DIFICI[   ]

Fragment 2

(1) [   ]NI . XL
(2) [   ]ANIMO
(3) [   ]IC . TESCU
(4) [   ]I . ET . JOVIS

161

(1) מיקדש קנאם חי חים מכוסן מלך [מ]שליים (2) המילל מישר ארצת רבת ממלכאת חשב נעם (3) לא טנא ת המאש סת במד ואחדר דל אקברא יעזם (4) בן יזגגסן בן בגאת בן מסנסן מיקם אלם (5) סכר כבד על גם אדר תמא אדרא כם אתרנם (6) ות אכהנים אש על מרם כלא נעסף לא למח[..] (7) תזנם על מעכברת ל־כ־אם בלהבעת זא[...] (8) ושע ותמרדר על ק[נ]ם לׄבׄנׄ[...]מא השמ[.....] (9) רבא ס־א בכל חות בנא במטעא[.......] (10) רצאת המחצרת שלא תבנם רב[........] (11) פעל ארש בן עבדא בן [.........]

162

(1) לגדא אדן וזן בׄעל חמן פל עבדכשר בל (2) בעת תעמת בצמח ת־ספת בׄשארׄם (3) לאלם נעמם וׄלמחבׄתא לקדשת (4) אף אתא אתפלת עבׄרׄתם נן לא בׄתרׄבׄת (5) ש קלת תהלקנאת בׄנם בׄתת אש (6) לכן לא תעמת אדׄרׄת

163

(1) אתם טשכא כנתם לתת לאיא בעל (2) אבמצבת בנא אלם בׄדׄעשתרת (3) ד/של תרבת ש קלתׄ כבל לא בׄצמח שארם (4) [כ(?)] אתא בשת תׄעוית בׄטׄ־כ/מא ל[...] (5) לאדם נעם אש(?)מל[ ]

164

(1) לאדן לבעל חמן ולרבאת תׄינת פנא [בעל] (2) נדר אש נדרא עכברת בת חׄטמל[..] (3) להגו שמע קלא ברכם

165

(1) תׄבקי אאלך וׄקרא (2) ת פעס אש על המנצבת (3) סת ת כל בן עד מכן נחר (4) ועל כל כתם מעצא לא קמת (5) תסדת בן מתעת בן גוטעל (6) הננרי דל עטרת ודל שם (7) תעצמת עוא שענת עמשם סכער (8) דרא לאלם

RUFO . METATIS . F(ilio)
NUM(idae) HONOR(ato)
VIX(it) . ANNI(s) L FECER(unt)
FILI . H(oc) . L(oco) . S(epultus) . E(st)
O(ssa) T(ibi) B(ene) Q(uiescant)

166

(1) עבן טענא לבעלי(2)עתן בן בעשא טנ(3)ע לא תיעלתיא ו(4)תם בׄן עשמנלתם

167

(1) לעדן בעלמן נאשא פנ(2)טנא בן מג֯נם במלך (3) אשר֯ם אשת נאשא (4) וש֯מא
קלי

168

(1) נעי יל מ(2)נולא טנ(3)ע לא עבן (4) נעסעיא (5) ברכת בת (6) רגעטא

169

(1) עבן ז טענע לש(2)בלת בת מעלל עו(3)ע שענת אס(4)רם ועמש א(5)שתם ש
יפתען בן (6) כנדיעל

170

(1) [נצ]ב֯ ז אש נדר ואש ט[נא] (2) דרך אדנבעל השכשי אש (3) [ב]עם לכש
לא[דנ]

171

(1) טנא עבן ז לסאלול (2) בת ברכבעל אשתם שבעל(3)ין בן לעביא חוא שנת
(4) שבעם הנכת נעבנע

172

(1) [(?ל)ח]מלכת בן . אדנבעל . בן . חמלכת (2) הפרט על . מיטב ארשא .
הס֯לכ֯י (3) לבנאת . ת המקדש . סת . להרבת לאלת (4) טענא ת המאש סת .
בנא . חמלכת

(1) HIMILCONI . IDNIBALIS [ ]
(2) QUEI . HANC . AEDEM . EX . S(enatus) . C(onsulto) . FAC[iundam]
(3) COERAVIT . HIMILCO . F(ilius) . STATUAM [dedit]

173

(1) [ה]מזבחם אש על פעני אש פעל כל עם ביתען בתצאת ותכלאת
(2) [אמפ]רעטר קעיסר מערקה עורהלי ענטנינה [ע]ו֯גוסטה (3) [ ]ט
הקצאה שהבהרם בשת שפטם בבעל הראמ֯י (4) [ ]ה השפט ומערקה
פהדוקעיה פלעוטי (5) [ ] ע֯ו֯טיען הבעאר הדבר שעממקם ה(6)[ ]
עתין געי פאמפעי פהליס וטנאם (7) [ ]ין וסעטורנינה ענברים

174

(1) ΑΦΕ
(2) ΘΕΝΝΑΥ
(3) ΥΙΟΣ ΑΦΕ
(4) ΣΑΦΟΥΝ
(5) ΝΕΣΕΟ Θ
(6) ΑΜΑΘΗ
(7) Δ ΕΣΑΘ
(8) ΛΑΦΑΕΜΑ

175

(1) ΛΑΔΟΥΝ ΛΥ ΒΑΛ ΑΜΟΥΝ ΟΥ
(2) ΛΥ ΠΥΒΑΟΩΝ ΘΙΝΙΘ ΦΑΝΕ ΒΑΛ
(3) ΥΣ ΝΑΔΩΡ ΣΩΣΙΠΑΤΙΟΣ ΒΥΝ
(4) ΖΩΠΥΡΟΣ ΣΑΜΩ ΚΟΥΛΩ ΒΑ
(5) ΡΑΧΩ

176

(1) ΚΡΟΝΩΙ ΘΕΝ
(2) ΝΕΙΘ ΦΕΝΗ̊ Β̊
(3) ΑΛ ΕΘΥΣ[ΕΝ Α]
(4) ΛΚΙΜΗΔΗ[Σ]
(5) ΚΑΙ ΕΠΗΚ[ΟΥ]
(6) [ΣΕ] ΤΗ[Ν]

177

(1) ΣΩΣΙ
(2) ΠΟΛΙΣ
(3) ΒΥΝ ΕΙΕΡΩ
(4) Ν

178

(1) FELIOTH . IADEM . SY RO-
(2) GATE . YMMA-
(3) NNAI

179

FLABI DASAMA V BINIM
MACRINE FELU CENTEINARI BAL ARS
ΣVMAR NAR SABAREΣ AVN

180

(a) MERCURI AVO SANV VI
(b) ALIDE[..]AVO S[   ]
(c) AMONIS AVO SANVTH XXV
(d) AVO (A)NNIBONI SANV [   ]
(e) ABΔVSMYN AV[O] SANV(TH) CII

D. Moabitische Inschrift

181

(1) אנך . משע . בן . כמש[ית] מלך . מאב . הד(2)יבני | אבי . מלך . על .
מאב . שלשן . שת . ואנך . מלכ(3)תי . אחר . אבי | ואעש . הבמת . זאת .
לכמש . בקרחה | בנ֯ס֯[..] (4) [.]שע . כי השעני . מכל . הש֯לכן . וכי . הראני .
בכל . שנאי | עמר(5)י . מלך . ישראל . ויענו . את . מאב . ימן . רבן . כי .
יאנף . כמש . באר(6)צה | ויחלפה . בנה . ויאמר . גם . הא . אענו . את .
מאב | בימי . אמר . ־־[.?] (7) וארא . בה . ובבתה | וישראל . אבד . אבד .
עלם . וירש . עמרי . את . כ֯[ל . אר](8)ץ . מהדבא | וישב . בה . ימה . וחצי
. ימי . בנה . ארבען . שת . וי֯ש֯(9)בה . כמש . בימי | ואבן . את . בעלמען .
ואעש . בה . האשוח . ואב֯[ן] (10) את . קריתן | ואש . גד . ישב . בארץ .
ע֯טרת . מעלם . ויבן . לה . מלך . י(11)שראל . את . עטרת | ואלתחם . בקר
. ואחזה | ואהרג . את . כל . הע֯ם֯ ֯ (12) הקר . ה֯ית . לכמש . ולמאב | ואשב
. משם . את . אראל . דודה . וא֯[ס](13)חבה . לפני . כמש . בקרית | ואשב .
בה . את . אש . שרן . ואת . אש֯ (14) מ֯חרת | ויאמר . לי . כמש . לך . אחז .
את . נבה . על . ישראל | וא֯(15)הלך . בללה . ואלתחם . בה . מבקע .
השחרת . עד . הצהרם . ואח(16)זה . ואהרג . כל[ה] . שבעת . אלפ֯ן֯ [.] ג[ב]ר֯ן֯
. וג֯ר֯ן . וגברת . וג֯[ר](17)ת . ורחמת | כי . לעשתר . כמש . החרמתה | ואקח .
משם . א[..] (18) לי . יהוה . ואסחב . הם . לפני . כמש | ומלך . ישראל . בנה
את (19) יהץ . וישב . בה . בהלתחמה . בי | ויגרשה . כמש . מפנ֯י֯ [ו](20)אקח .
ממאב . מאתן . אש . כל . רשה | ואשאה . ביהץ . ואחזה . (21) לספת . על .
דיבן | אנך . בנתי . קרחה . חמת . היערן . וחמת (22) העפל | ואנך . בנתי .
שעריה . ואנך . בנתי . מגדלתה | וא(23)נך . בנתי . בת . מלך . ואנך . עשתי .
כלאי . האשו֯[ח . למ]ין . בקר[ב] (24) ה֯קר | ובר . אן . בקרב . הקר . בקרחה
. ואמר . לכל . העם . עשו . ל֯(25)כם . אש . בר . בביתה | ואנך . כרתי .
המכרתת . לקרחה . באס֯ר֯(26)י֯ ישראל | אנך . בנתי . ערער . ו֯אנך . עשתי .
המסלת . בארנן . (27) אנך . בנתי . בת . במת . כי . הרס . הא | אנך . בנתי
. בצר . כי . עין . (28) [הא .] ב֯א֯ש . דיבן . חמשן . כי . כל . דיבן . משמעת
| ואנך . מלכ֯(29)ת[י ... ה]מאת . בקרן . אשר . יספתי . על . הארץ | ואנך .

בנת(30)י . [בת . מהד]ב֯א . ובת . ד֯בלתן | ובת֯ . בעלמען . ואשא . שם . את .
מ֯ק֯ד֯(31)[שן.......]צאן . הארץ | וחורנן . ישב . בה . בת֯ [ד]וד
(32) [....... וי]אמר . לי . כמש . רד . הלתחם . בחורנן | ואר֯ד֯[..]
(33) [.......... וישב .] בה . כמש . בימי . ועל֯[ת]י֯ . משם . עש[..] (34) [ ]
ש֯ת . ש֯דק | ואנ֯[ך ......

E. Hebräische Inschriften

182

I (1) י֯רחו אסף . ירחו ז֯(2)ר֯ע . ירחו לקש (3) ירח עצד פשת (4) ירח קצר שערם (5) ירח קצר וכל (6) ירחו זמר (7) ירח קץ

II א֯בי֯[ה]

III פניה

183

(1) בשת . העשרת . לשמ(2)ריו . מב֯ארים . נבל . [ין .] (3) ישן . (4) ר֯גע . אלישע . 2 (5) עזא . ק֯ד֯בש . 1 (6) אלבא . 1 (7) בעלא . אליש[ע] 2 (8) ידעיו 1

184

(1) בשת . העש(2)רת . לגדיו . (3) מאזה . (4) אבבעל . 2 (5) אחז . 2 (6) שבע . 1 (7) מרבעל . 1

185

(1) ב֯שת . התשעת . (2) מ֯קצה . לגד(3)יו . נבל . ין . (4) ישן .

186

(1) בשת . העשרת . (2) מיצת֯ . נבל . (3) שמן . רחץ . ל(4)אחנעם .

187

(1) בשת . חעשרת . ין . כ(2)רם . התל . נבל . שמן . רח(3)ץ

188

(1) ברך שלמ֯ [.] (2) ברך . הר֯עם . ה֯ק֯שב ו[..] (3) ימנה שערם 3

189

(1) [זאת] . הנקבה . וזה . היה . דבר . הנקבה . בעוד . מ֯נ֯[יפם .] ה֯ח֯צ֯ב֯ם֯ .
א֯ת֯ (2) הגרזן . אש . אל . רעו . ובעוד . שלש . אמת . להנק֯[ב . נשמ]ע . קל
. אש . ק(3)רא . אל . רעו . כי . הית . זדה . בצר . מימן . ו֯[משמ]אל . וביום
. ה(4)נקבה . הכו . החצבם . אש . לקרת . רעו . גרזן . על . [ג]רזן . וילכו[.]
(5) המים . מן . המוצא . אל . הברכה . במאתים . ו֯אלף . אמה .
ומ[א](6)ת . אמה . היה . גבה . הצר . על . ראש . החצבם

190

(1) ח֯[ז]קיהו בן קראה בשר֯ש ב֯ק֯יהו
(2) אחיהו בן השרק בעמק ירד֯ת֯[..]
(3) צ֯פ֯נ֯יהו בן קר֯י בעמק ירד֯ת֯[..]
(4) צ֯ד֯ק֯י֯ה֯ו֯[..]
(5-7) [Lücke]
(8) [..]ב֯ן֯ א֯ו֯ר֯יהו ה[..]

191

A חדר֯ ב֯כת֯ף הצ֯ר[(י)ה ...]
B (1) זאת֯ [קברת ...]יהו אשר֯ על הבית . אין֯ [פ֯]ה֯ כסף וזה֯ב (2) [כי] אם֯
[עצמתו] ו֯ע֯צמת֯ אמתה א֯ת֯ה֯ . ארור האד֯ם֯ אשר (3) יפת֯ח֯ את֯ זאת֯

192

(1) אל אדני . יאוש ישמ֯ע֯ (2) יהוה את אדני . ש[מ]ע֯ת של(3)ם . עת . כים עת
כים מי . עבד֯(4)ך . כלב . כי . זכר . אדני . את . (5) [ע]בדה . יב֯כר . יהוה .
את . א(6)[דנ]י דבר . אשר לא . ידעתה

193

Vs. (1) עבדך . הושעיהו . ש֯לח . ל(2)ה֯ג֯[ד.] לא֯ד֯נ֯י֯ י֯אוש . ישמע . (3) י֯הו֯ה֯ .
א֯[ת] א֯דני . שמעת . שלם (4) וש֯מ֯ע֯ת֯ ט֯ב֯ . ועת . הפקח(5)נ֯א֯ . א֯ת֯ . ע֯ין֯ .
ע֯בדך . לספר . אשר . (6) שלח֯ת֯ה֯ . א֯ל ע֯ב֯ד֯ך֯ א֯מש . כי . לב֯ (7) ע֯ב֯ד֯ך֯ [.]
ד֯ו֯ה֯ . מאז . שלחך . אל . עבד(8)ך . וכי [.] אמר . אד֯נ֯י֯ . לא . ידעתה .
(9) ק֯רא . ס֯פ֯ר֯ [.] חיהוה . אם . נסה . א(10)יש֯ לקרא לי . ספר לנצח . וגם .
(11) כל . ס֯פ֯ר֯ [.] אשר יבא . אלי ⁚ אם . (12) קראתי . את֯ה ו֯אחר . אתנ֯נ֯הו
(13) אל . מאומ֯ה֯ ו֯לעבדך . הגד . (14) לאמר . ירד שר . הצבא ⁚ (15) כני֯ה֯ו֯
ב֯ן֯ א֯לנתן לבא . (16) מ֯צרימה . ואת Rs. (17) הודויהו בן אחיהו ו(18)אנשו שלח .
לקחת . מ֯ה֯ . (19) וספר . טביהו עבד . המלך . הבא (20) אל . שלם . בן ידע
. מאת . הנבא . לאמ(21)ר֯ . השמר . שלחה . עב⟨ד⟩ך . אל . אדני .

194

Vs. (1) ישמע . יהוה֯ [את אד]נ֯י עת כים . (2) שמעת טב . ועת ככל אשר ֯: שלח
אד֯נ֯י . (3) כן . עשה . עבדך כתבתי על הדלת ככל . (4) אשר ֯: שלח֯[ת]ה֯ [.]
א֯לי . וכי ֯: שלח א֯(5)דני . על ֯: דבר בית הרפד ֯: אין ֯: שם ֯: א(6)דם וסמכיהו
לקחה . שמעיהו . ו֯(7)יעלהו . העירה ועבדך . אינ֯[נ](8)י֯ [.] שלח שמה את הע[ד
הים] Rs. (9) כי אם . בתסבת הבקר [י]ב֯[א] (10) וידע֯ כי אל . משא֯ת . לכ֯ש֯ .
נח(11)נו . שמרם ככ֯ל . האתת . אש֯ר֯ נתן (12) אדני . כי לא֯ . נ֯ר֯א֯ה את
עז(13)קה .

195

(1) ישמ֯ע֯ י֯הו֯ה֯ א֯ת֯ [אד]נ֯י֯ (2) ש֯מ֯ע֯ת֯ ֯: [של]ם֯ וט֯ב [עת כ(3)ים] ע֯ת֯ כ֯י֯ם֯ מי .
עבדך . (4) כלב . כי . [ש]ל֯ח֯ת֯ה֯ אל֯ עבד(5)ך֯ . א[ת] ה[ספרם כ]זא(6)[ת .]
השב . עבדך . הספר(7)ם . אל אדני . יראך י(8)הוה . הקצר . בט֯ב ֯: (9) ח֯י֯ם
. הא֯ל . עבדך . י⟨ב⟩א (10) טבי֯ה֯ו . זרע למלך

196

(1) אל אדני יאוש . ירא֯ . יהוה . א(2)ת . אדני את העת הזה . שלם מי
(3) עבדך כלב כי . שלח . אדני א[ת ספ](4)ר המלך [ו]א֯ת֯ ספרי השר[ם
לאמ](5)ר קראנא והנה . דברי . ה[שרם] (6) לא טבם לרפת ידיך [ולהש](7)קט .
ידי הא[נשם] ה֯מ֯ידע[ם] (8) [..ועת] א֯ד֯נ֯י֯ האל תכ(9)תב אל[יהם] לא[מר למ]ה
תעשו . (10) כזאת ו֯[ביר]שלם ה֯[נ]ה ל(11)מלך [ולביתה . ת]ע֯ש֯ו֯ ה֯ד֯ב֯(12)ר ה֯ז֯ה֯ חי
. יהוה אלה(13)יך כ[י מ]אז קרא עב(14)דך א֯ת֯ הספרם לא ה֯י֯ה֯ (15) לעב[דך...]

197

(1) ישמע . יהוה . את . א֯ד֯(2)נ֯י֯ . ש֯[מע]ת֯ . שלם . ו[טב] (3) ו[ע]ת֯ ת֯ן לחם . **10**
ו(4)י֯[י]ן֯ . **11** השב֯ . (5) א֯[ת] עבדך . ד(6)בר ב(7)יד . ש֯ל֯מ֯יהו . א(8)שר . נעשה
. מ(9)חר֯ .

198

(1) קמו֯ . לעשת . מלאכה . (2) מ֯ס֯מ֯כ֯[יהו .. א]ת . ע֯ב֯ד֯ה . ה (3) [..]א֯ת .
אשפת 4

199

(1) בן עז֯ר֯ . **10** (2) פקח . **11** (3) מב֯ל . **50** (4) שמע֯י֯ה֯ו֯ . **50** (5) י֯ב֯ש [ ]
(6) ל֯ [...] Z. 7-9 unleserlich

200

(1) ישמע ̊. אדני . השר (2) את דבר עבדה . עבדך (3) קצ֯ר . היה . עבדך .
בח(4)צ֯ר אסם . ויקצר עבדך (5) ויכל ואס֯ם כמ֯ם . לפני שב(6)ת כאשר כל֯
[. ע]ב֯דך את קצר〈ה〉 וא(7)סם כמ֯ם ויבא הושע֯יהו בן שב֯(8)י . ויקח . את בגד
עבדך כאשר כלת (9) את קצרי זה י֯מ֯ם לקח את בגד עבדך (10) וכל אחי .
יענו לי . הקצרם אתי בחם (11) ה֯ש֯מ֯ש֯ [.] אחי . יענו לי . אמן֯ נקתי .
מא(12)[שם . השב . נא . את] בגד֯י ואם . לא . לשר להש(13)[ב . את . בגד]
עב[דה . ותת]ן֯ אלו . רח֯[מם .] (14) [ושמ]ע֯ת את [דבר . ע]בדך ולא תדהם
נ֯[..](15)[...]

F. Aramäische Inschriften

201

(1) נצבא . זי . שם בר . הׄ(2)דד . בר חׄזׄיׄןׄ בׄרׄ . [ ] (3) מלך ארם למראה
למלקר(4)ת . זי נזר לה ושמע לׄקׄלׄ(5)ה

202

A (1) [נ]צבא . זי . שם . זכר . מלך [. ח]מת . ולעש . לאלור [. מראה]
(2) [א]נה . זכר . מלך . חמת . ולעש . אש . ענה . אנה . ו[חצל(3)נ]י .
בעלשמין . וקם . עמי . והמלכני . בעלשמ[ין . על] (4) [ח]זרׄך . והוחד . עלי .
ברהדד . בר . חזׄאל . מלך . ארם . ש[ב(5)עת] . עשר . מלכן . ברהדד .
ומחנתה . וברגש . ומחנתה . ו[מ(6)לך] . קוה . ומחנתה . ומלך . עמק . ומחנתה
. ומלך גרג[ם] (7) [ומח]נתה . ומלך . שמאל . ומ[חנת]ה . ומלך מלזׄ . [ומ]חנתה
....] (8) [.....................]־[..]־[.]־[.]־ שבׄע[ת . עשר . מלכן] (9) [ה]מׄו . ומחנות
. הם . ושמו . כל ⟨.⟩ מלכיא ⟨.⟩ אל . מצר . על . חזרׄ[ך] (10) והרמו . שר .
מן . שר חורך . והעמקו . חרץ מן . חרׄ[צה] (11) וׄאשא . ידי . אל . בעלש[מין]
. ויענני ⟨.⟩ בעלשמי[ן] . ויד(12)[בר] . בעלשמין . אלי . [ב]יד . חזין . וביד .
עדדׄן [. ויאמר . (13)לי .] בעלשמין . אל . תזׄחל . כי . אנה . המל[כתך .
ואנה] (14) [אק]ם . עמך . ואנה . אחצלך . מן . כל . [מלכיא . אל . זי]
(15) מחאו . עליך . מצר . ויׄאמר . ל[י . בעלשמין ....] (16) כׄל . מלכיא .
אל . זי . מחאׄו [. על ....] (17) [...] . ושורא . זנה . ז[י
...................]

B (1) [.......] חזׄרׄך [.] ק[.....] (2) [.......]לרכב . [ו]לפרש . (3) [.....] מלכה .
בגוה . אנׄ(4)[ה . בני]ת . חזרך . והוספ(5)[ת . לה] . אית . כל . מחגת (6) [..]־א
. ושמׄתה . מל־[.] (7) [..]תה א־[..]־[....] (8) [...] חׄסניא . אל [.] בכל . גב[לי]
(9) [ב]גית ⟨.⟩ בתי . אלהן . בכ[ל . א(10)רק]י . ובנית . אית [......] (11) [....]
אׄיׄת . אפש . ו[....] (12) [.......]יא . בית [.....] (13) [..... ו]שמת . קדמׄ [.
אל(14)ור .] נצבא . זׄנה . וכ[תב(15)ת . ב]ה . אית [.] אשר . ידי [...] (16) [..מ]ן
. יהגע אית . אשׄ[ר] (17) [ידי] . זכר . מלך . חמ[ת . ול](18)עׄש . מן . נצבא .

זנה [.] ומ̊[ן (19) י]הגע . נצבא . זנה . מן . [ק(20)ד]ם . אלור̊ . ויהנסנה . מ̊[ן
(21) אש]רה . או . מן . ישלח ב־ (22) [....]־[..] תה̊[........] (23) [.......
בע]לשמין . ואל̊(24)[ור . ו....] ושמש . ושהר (25) [.......] . ואלהי שמי[ן
(26) ואלה]י . ארק . ובעל ⟨.⟩ ע (27) [.......] אשא . ואית .
(28) [.........]ש[.]שה . ־

C (1)]־[....]־־[(2) .] שם⟨.⟩ז̊כר . ושם[.

203

אדנלרם . סכן̊ [. ב]ית . מלכה̊

204

ללעבד̊בעלת

205

צבה אנן

206

צבה אחבר

207

צבה עבד

208

צבה צלתי

209

אחמה

210

רחם

211

אלתי

212

חמת

213

חנן

214

(1) אנך . פנמו . בר . קרל . מלך . יאדי . זי . הקמת . נצב . זן . להדד .
בעלמי (2) קמו֯ . עמ֯י . א֯ל֯הו . הדד . ואל . ורשף . ורכבאל . ושמש . ונת֯ן .
בידי . הדד . ואל . (3) ורכבאל . ושמש . ור֯שף . חטר . חלבבה . וקם . עמי
. רשף . פמז . אחז . (4) בידי[....] ה֯א֯ . פ֯לח֯[..] . ומז . אשא֯[ל . מ]ן֯ . אלהי .
יתנו . לי . ושנ֯ם . ח֯ויו . (5) [ ]ל֯[־] ארק . שערי֯ . האל֯(6)[ ]א֯רק .
חטי[. ו]ארק[.] ש֯מ֯י (7) וארק . [..........] אז . י־ן [.] ע֯ל֯ז֯נ֯י . ו֯־ת֯־־־ן֯ . יעבדו .
ארק . וכרם . (8) שם . יש[בו .... ואנ]ך֯ . פנמו . גם . ישבת . על . משב .
אב֯י . ונתן . ה֯ד֯ד֯ . ב֯י֯ד֯י֯ [.] (9) חטר . חל[בבה . נסע]ת . חרב֯ . ולשן . מן֯ .
בית . אבי . ובימי . גם . אכל . ושתא֯ . י֯א֯ד֯י֯ [.] (10) ובימי . ית֯מר . בכ[ל .
אר]ק֯י . לנצב . ט֯ר֯ת . ולנצב . זררי . ולבני . כפיר֯י֯ . חלבב֯ה֯ . ־־י֯קח .
(11) אש . ר֯ע֯יה . ויתר . ה֯ד֯ד֯ . [ו]א֯ל . ורכבאל . ושמש . וארקרשף . וכברו .
נתנ֯ה . לי . ואמ֯ן֯ . ־כר֯ת֯ (12) ב֯י . ובימי . חלבת֯[י .]־תן֯ . י֯ה֯ב . ל֯אלהי . ומת .
יקחו . מן . יד֯י֯ . ומה . אשאל . מן אלה֯[י] . מת [.] ית֯נ֯ו (13) ל֯י . וארק֯ו . ו[תי .
בר] . קרל . אלהי . מ֯ת . פלו . נתן . הדד . מת . ל־־ת֯/כ֯י . קרני . לבנא .
ובח֯ל֯ב֯בתי (14) נתן . מ֯ת ה֯ד֯[ד ....] ל֯ב֯נא . פבנית . מ֯ת . ו[ה]קמת . נצב .
הד֯ד֯ . זן . ומקם . פנמו . בר . קרל . מלך (15) יאד֯י֯ עם . נצ֯ב֯ ח֯ד֯[ר.] ו֯מנמן .
בני . יאחז[. חט]ר . וישב . על . משבי . ויסעד . אברו . ויזבח (16) הדד . זן֯
א֯ר֯י ־־־־־ נ֯שי . ויזבח ־־־(־)[ז]ן֯ . ־־־ יזבח . הדד . ויזכר . אשמ֯ . הדד . או֯ .
(17) [.]א . פא . יאמר֯ . [תאכל . נ]ב֯ש . פנמו . עמך . ותש֯[תי . נ]בש֯ פ֯נ֯מו֯ .
עמך . עד . יזכר . נבש . פנמו . עמ֯ [.] (18) [הד]ד֯ . [.......... ז]ב֯חה֯ . זא
[י]תן֯ [.] ל֯[הדד . וי]רקי . בה . ש֯י . להדד . ולאל . ו֯ל֯ר֯כבאל . ול֯ש֯מ֯ש֯ [.]
(19) [ולרשף . א]נ֯[ך . פ]נ֯מ֯[ו ....] ב֯[נ]ית֯ [. לאלה]י . קר֯ [.] זא . פב[נית]ה֯
והושבת . בה֯ . א֯לה֯י ו֯ב֯ח֯ל֯בבתה֯ . חנאת (20) [......] . נתנו . לי . זרע . חבא
[.......]י[..]א֯ [.] מ[נמן .] בני . יאחז . חט֯ר . וישב . על . משב֯י֯ . ו֯[י]מ֯ל֯ך֯ .
(21) ע֯ל֯ . י֯א֯[די] . ויסעד . אברו . ו֯י֯[זבח . הדר . זן . ולא . יזכ[ר . אשם .
פנמו . י֯אמר . ת[א]כל . נבש֯ . פ֯נ֯[מו] (22) עם . הדד . ו֯תשתי . נבש . פנמו .
עם . ה֯[ד]ד֯ . הא . [..............]חה֯ . זבחה . ואל [.] ירקי . בה [.] ו֯מ֯ז֯
(23) ישאל . אל . יתן . לה . ה֯דד . ו֯הדד . חרא . לי֯ת֯כ֯ה֯ [..............]־־[..
וא]ל . יתן . לה . לאכל . בר֯ג֯ז֯ (24) ושנ֯ה֯ . למנע . מנה . בלי֯לא . ודל֯ח֯ . נת֯ן
. לה֯ [.] ו[א]ל֯ [.] י֯[.............] א֯יח[י . ו]מ֯ו֯דד֯י֯ . מנמן [.] ב֯נ֯י (25) יאחז . חטר
. ביאד[י] . וישב . על . משב֯י . וימל[ך . תחתן . אל . יש]ל֯ח . ידה . בחרב .
ב֯[.....]נ֯י . או (26) [.........] חמ֯ס֯ . אל . יה֯רג . או . ברגז . או֯ . על .

א֯[.]־־־־־־־י מו.֯?מת . או֯ . קשתה֯ . על . ע֯ל . אמרתה .
(27) [.................א]חה . ירשי . שחת . ב֯אשר֯ . חד . א֯יחיה . א֯ו֯ . ב֯[א]שר֯ .
חד֯ . מודד֯יה . או . באשר . (28) חדה . איחת֯[ה ....]ב֯ . י֯[ר]שי֯ . שחת .
יגמר . א֯י֯חיה . זכרי֯ . וי֯קם . ותה . במצ֯עה . מת . נשה (29) יאמר . אחכם .
השחת֯ ו֯הנ[ו ..... וי]ש֯א . ידיה . לאלה . אבה . נ֯שה . יאמ֯ר . הן֯ . אן֯ . שמת .
א֯מרת . אל . בפם . (30) זר . אמר . קם . עיני . או . ד֯לח . או . [..........]י .
בפם֯ . אנשי֯ . צרי . פהנו . זכ֯ר . הא . לת֯גמ֯ר֯ו֯ . איחה [.] (31) זכר֯ו .
פלכתשה . באבני . והנו . ־־[...... לתג]מ֯רן . איחת֯ה . פלכ֯תשנה֯ . בא֯בני . והנו
. לו . שחת . (32) באשרה . ותלעי . עינך . בא[ש]ר֯ה֯ [.........]על . ק֯שתה֯ . א֯ו֯
. ע֯ל . גברתה . או . על . אמרתה . (33) או . על . נדבה . את . פא . ישרה
. ־־[.]ר֯ו֯ה֯[...............]ו . תהרג֯ה . בחמ֯[ס . או .] ב֯חמ֯א . או . (34) ת֯חק .
עליה . או . תאלב . אש . זר֯ [.] ל֯הרגה . י[...............]־ו֯[...............]

215

(1) נצב . זן . שם . בררכב . לאבה . לפנמו . בר . ברצר . מל֯ך֯ . י֯א֯ד֯י֯ .
במ[־־־] . שנת [.] [־]ו֯ת֯[־ .] אבי . פנמו . ב[צ]ד֯ק (2) אבה . פלטוה . אלה .
יאדי . מן . שחתה . אזה . הות . בבית . אבוה . וקם . א֯ל֯ה . הד֯ד֯ ו֯ח֯ת֯[־] קל֯ה֯
מש֯ב֯ה . על ו[..]ו[..]א[.]ש [.]ו[.] שחת[...] (3) בבית . אבה . והרג . אבה . ברצר
. והרג . שבעי 70 איחי . אבה֯ . ו֯א֯ב֯י . ע֯ל . רכב . ו֯א . [.....]בך֯ . על[....]ך .
בעל . [....]חל ־־־ . פ֯נ֯מ֯ו֯ . [....] (4) וי֯תרה . מת . מלא . מסגרת . והכבר .
קירת . חרבת . מן . קירת֯ . ישבת֯ . ומ֯[.]נ[....... בר [.] ק֯[ר]ל[...............] ש
[.] ו֯ח/הנ/מ֯ו֯ . תשמ[ו(?)] (5) חרב . בביתי . ותהרגו . חד . בני . ואג֯ם֯ . הוית .
חרב . בארק . י֯אדי . וח֯ל[..]אלפ֯/ת֯ [.] פ֯נמ֯ו֯ . בר . ק֯ר֯ל . א[ ] . אבי .
פנם . בר֯ . בר֯צ֯ר֯ . אבדו֯ . בא[רק] [....] (6) שאה . ושורה . וחטה . ושערה .
וקם . פרס . ב֯שקל . ושטרב֯י . ש֯מ֯ך֯ . ב֯ש֯ק֯ל֯ . ואס֯נ֯ב . משח֯ . בשקל . ויבל .
אבי . פנ[מו . ב]ר . ב[רצר . שי .] (7) עד . מלך . אשור . ומלכה . על . בית
. אבה . והרג . אבן֯ . שחת . מן֯ . בית . א֯ב֯ה֯ . וש֯ע֯ר֯ . מן . אצר . ב֯יתי .
ארק֯ . יאדי . מן . ב֯מ֯ע֯ה֯ . ר־ב[....] (8) ופשש . מסגרת . והרפ֯י֯ . שבי . יאדי .
ו֯ק֯[ם] . א֯ב֯י . והרפ֯י . נשי֯ . בס֯[.........] [...]בא[.] . בית . קתילת . וקב֯ר֯ [.]
אל֯ן֯ . ב[.....] (9) בית . אבה . והיטבה . מן . קדמתה . וכברת . חטה . ושערה
. ושאה֯ . ושורה֯ . ביומיה֯ . ואז [.] אכל . ־ש֯ו֯מן . א[........] (10) זלת . מוכרו .
וביומי . אבי . פנמו . שם . מת . בעלי . כפירי . ובעלי . רכ֯ב . ונ֯חש֯ב [.] אבי
. פנמו . במצעת֯ . מ֯ל֯כי [.] כ֯ב֯ר֯י֯ [.] מ֯[ן . ... א](11)בי . לו . בעל . כסף .
הא . ולו . בעל . זהב . בחכמתה . ובצדק֯ה . פא֯ . אחז . בכנף . מר֯אה .
מלך . אשור . ר[.... מראה . מלך .] (12) אשור . פחי . ואחי . יאדי . וחנאה .
מראה . מלך . אשור . על . מלכי . כבר ב֯/י֯ר֯/ב֯ש־[...... ורץ] (13) בגלגל .

מראה . תגלתפלסר֯ . מלך . אשור . מחנת֯ . א֯ו֯ . מ֯ן . מוקא . שמש . ועד .
מערב . א֯[ו .] מ֯ן . [........] (14) רבעת ארק . ובנת . מוקא . שמש . יבל .
מערב . ובנת . מערב . יבל . מו[קא . ש]מש . ואב֯י . [....] (15) גבלה . מראה
. תגלתפלסר . מלך . אשור . קירת . מן֯ . גבל . גרגם . [...]ו֯י֯[.] . ו֯[א]ב֯י .
פנמו . ב֯ר֯ . ב֯[רצר . ...] (16) ש מרג . וגם . מת . אבי . פנמו . בלגרי .
מראה . תגלתפלסר֯ . מלך . אשור . במחנת . גם [. ....] (17) ובכיה . איחה .
מלכו . ובכיתה . מחנת . מראה . מלך . אשור . כלה . ולקח . מראה . מלך֯ .
[א]שור֯ [.... והשק](18)י . נבשה . והקם . לה . משכי . בארח . והעבר . אבי֯ .
מן . דמשק . לאשו֯⟨ר⟩ . ביומי [.] שר[... ובכ](19)יה . ביתה . כלה . ואנכי .
בר⟨ר⟩כב . בר . פנ֯מ֯[ו . בצ]ד֯ק . אבי . ובצדקי . הושבני . מרא[י....] (20) א֯בי
. פנמו . בר . ברצר . ושמת . נצב . ז֯ן . [לא]בי֯ . לפנמו . בר . ברצר .
וש֯[..]ת֯ . בט֯[...] (21) ואמר . במשות . ועל . יבל . אמן . י֯ס֯מ֯ך֯. מ֯ל֯ך֯ . [.......]
. ויבל . יו֯ק֯א . קד֯ם֯ . קבר֯ . אבי . פנמ֯[ו....] (22) וזכר . זנה . הא . פא .
הדד . ואל . ו֯ר֯כבא֯ל֯ . בעל֯ . בית . ושמש . וכל . אלהי . יאדי [. ...חנ](23)י .
קדם . אלהי . וקדם . אנש .

216

(1) אנה [.] ב֯[ר]ר֯כב . (2) בר . פנמו֯ [.] מ֯ל֯ך . שמ(3)אל . עבד . תגלתפ֯ל֯יסר .
מרא . (4) רבעי . ארקא . בצדק֯ . אבי . ובצד(5)קי . הושבני . מראי . רכבאל
. (6) ומראי . תגלתפליסר . על . (7) כרסא . אבי . ובית . אבי . ע(8)מל . מן .
כל . ורצת . בגלגל . (9) מראי . מלך . אשור . במצע(10)ת . מלכן . רברבן .
בעלי . כ(11)סף . ובעלי . זהב . ואחזת . (12) בית . אבי . והיטבתה . (13) מן .
בית . חד . מלכן . רברב(14)ן . והתנאבו . אחי . מ֯לכי(15)א . לכל . מה . טבת
. ביתי . ו(16)בי . טב . לישה . לאבהי . מ(17)לכי . שמאל . הא . בית .
כלמ(18)ו . להם . פהא . בית . שתוא . ל(19)הם . והא . בית . כיצא . ו(20)אנה
. בנית . ביתא . זנה .

217

(1) אנה . בררכב . בר . פנמו . מלך . שמא[ל . עבד . תגלתפ](2)ליסר . מרא
. רבעי . אר[קא . ורכבאל .] (3) ואלהי . בית . אבי . צ֯[דק . אנה . עם .
מ](4)ראי . ועם . עבדי . בית֯ [. מראי . מלך . אשור] (5) וצדק . אנה . עמ[ה .
מן . כל . וצדקן . בני] (6) מן . בני . כ֯[ל . מלכן . רברבן . ו](7)נבשת . הם .
[אחרי . מראי . ויתן . ר](8)כבאל . חני . ק֯ד[ם . מראי . תגלתפליסר .
מ](9)לך] א֯שור . וקדם . ב֯[ ]

218

מראי . בעלחרן . אנה . בררכב . בר פנמ[ו]

219

(1) [ ]ˉˉ[ ]
(2) [ ]ן · זי · קרבן · לנ̊/מ̊[ ]
(3) [ ] · כשלשן 30 · מלכ[ן ·]
(4) [ ] · בצדק · אב[י · ובצדקי · הושבני · NN]
(5) [על · כר]סא · א̊[בי ·]

220

(1) מי · ˉ[
(2) אתה · ס̊[
(3)]ן · לאש̊[ור(?)
(4) ˉˉˉ[

221

(1) [ ]ד̊/ר̊ן · מ̊נ̊[
(2) ברר]כב · בר ·פ̊[נמו ·
(3) [ ]י̊ · ˉ[

222

A (1) ע̊די ברגאיה מ̊לך כתך עם מתעאל בר עתרסמך מלך̊ [ארפד וע](2)ד̊י בני ברגאיה עם בני מתעאל ועדי בני בני ברגא̊[יה ועקר](3)ה עם עקר מתעאל בר עתרסמך מלך ארפד ועדי כתך עם [עדי] (4) ארפד ועדי בעלי כתך עם עד̊י בעלי ארפד ועדי חב[ור](5)ו עם ארם כלה ועם מצר ועם בנוה זי יסקן באשר̊[ה] ו̊[עם מלכי(?)] (6) כל עלי ארם ותחתה ועם כל עלל בית מלך ונ[צבא עם ספרא(?) ז](7)נה שמו עדיא אלן ועדיא אל̊ן זי גזר ברגא̊[יה קדם אשר] (8) ומלש וקדם מרדך וזרפנת וקדם נבא ות[שמת וקדם אר ונש](9)ך וקדם נרגל ולץ וקדם שמש ונר וקדם ס[ן ונכל וק](10)דם נכר וכדאה וקדם כל אלהי רחבה ואדמ[ה וקדם הדד זי ח](11)לב וקדם סבת וקדם אל ועלין וקדם שמי[ן וארק וקדם מצ](12)לה ומעינן וקדם יום ולילה שהדן כל א[להי כתך ואלהי אר](13)פד(?)] פ̊קחו עיניכם לחזיה עדי ברגאיה̊ [עם מתעאל מלך (14) ארפד] ו̊הן ישקר מתעאל בר עתרסמך מל̊[ך ארפד לברגאי(15)ה מלך כתך וה]ן̊ י̊שקר עקר מתעא̊ל [לעקר ברגאיה ...] (16) [...... והן ישקרן בני (בית)] גש כ̊ˉˉ[...............] (19-17) [Lücke] (20) [ ]מ̊ן ימ[.........] (21) [..............] שאת ואל תהרי ושבע̊ [מהי]נ̊קן ימשח[ן שדיהן ו](22)י̊ה̊ינקן עלים ואל ישבע ושבע ססיה יהינקן על ואל ישב[ע ושבע] (23) שורה יהינקן עגל ואל ישבע ושבע שאן יהינקן אמר ו̊[אל יש](24)בע ושבע בכתה יהכן בשט לחם ואל יהרגן והן ישקר מתע̊[אל ⟨לברגאיה⟩

ול](25)ברה ולעקרה תהוי מלכתה כמלכת חל מלכת חלם זי ימלך אשר [יסך
ה](26)דד כלמה לחיה בארק ובשמין וכלמה עמל ויסך על ארפד [אבני ב](27)רד
ושבע שנן יאכל ארבה ושבע שנן תאכל תולעה ושבע [שנן יס](28)ק תוי על אפי
ארקה ואל יפק חצר וליתחזה ירק ולי[תחזה] (29) אחוה ואל יתשמע קל כנר
בארפד ובעמה המל מרק והמ[ית צע](30)קה ויללה וישלחן אלהן מן כלמה אכל
בארפד ובעמה [יאכל פ](31)ם חוה ופם עקרב ופם דבהה ופם נמרה וסס וקמל
וא[ף יפלן(?)] (32) עלה קקבתן [יש]תחט לישמן אחוה ותהוי ארפד תל ל[רבק צי
ו(?)](33)צבי ושעל וארנב ושרן וצדה ו־־ ועקה ואל תאמר קר[יתא הא
ו](34)מדרא ומרבה ומזה ומבלה ושרן ותואם וביתאל ובינן ו[.... וא](35)רנה וחזז
ואדם איך זי תקד שעותא זא באש כן תקד ארפד ו[בנתה ר(?)](36)בת ויזרע בהן
הדד מלח ושחלין ואל תאמר גנבא זנה ו[......] (37) מתעאל ונבשה הא איכה זי
תקד שעותא זא באש כן יקד מ[תעאל בא](38)ש ואיך זי תשבר קשתא וחציא אלן
כן ישבר אנרת והדד [קשת מתעאל] (39) וקשת רבוה ואיך זי יער גבר שעותא כן
יער מתעא[ל ואיך ז(40)י] יגזר עגלא זנה כן יגזר מתעאל ויגזרן רבוה [ואיך זי
תע(41)רר ז]נ[יה(?)] כן יעררן נשי מתעאל ונשי עקרה ונשי ר[בוה ואיך ז(42)י תקד
גברת שעותא זא] וימחא על אפיה כן יקחן [נשי מתעאל ו ....

B (עדי ברגאיה מלך כתך עם מתעאל בר עת)(1)[רסמך מלך אר]פד ועדי בני
ברגאיה עם בני מתעאל ועדי [ב(2)ני בני בר]גאיה עם עקר מתעאל ועם עקר
כלמה מלך זי (3) [יסק וימלך] באשרה ועם בני גש ועם בית צלל ועם אר(4)[ם
כלה ועד]י כתך עם עדי ארפד ועדי בעלי כתך עם ע(5)[די בעלי א]רפד ועם
עמה ועדי אלהי כתך עם עדי א(6)[להי ארפד] עדי אלהן הם זי שמו אלהן עדי
מלך (7) [.......]מן מלך רב ומע[די]א(?) אל[ן ...]ושמין ועדיא (8) [אלן כל אלהיא]
יצרן ואל תשתק חדה מן מלי ספרא זנ(9)[ה ויתשמען מן(?)] ערקו ועד יאד[י(?)
ו]בז מן לבנן ועד יב(10)[רד ומן דמש]ק ועד ערו ומ־־ו [ומ]ן בקעת ועד כתך
(11) [.......... ב]ית גש ועמה עם אשרתהם עדיא אל(12)[ן ....] יתה השכ־
הוא־־ במצר ומרבה (13) [..............]־־דש ־־־־־־תם למתעאל בר
(14) [עתרסמך..........]־ ו־־־־־־לם־־־ ירב[.(15)......................]־־־־ע־ש־־־
[..........] (16-20) [Lücke] (21) [........] לביתכם ולישמע מתעאל [ולישמען בנוה
ולישמע עמ(22)ה ולישמע]ן כל מלכיא זי ימלכן בארפד ל־[.............(23)......]־־
לשמין שקרתם לכל אלהי עדיא ז[י בספרא זנה והן (24) תשמען ותש(?)]למן עדיא
אלן ותאמר גבר עדן הא [אנה לאכהל לא(25)שלח ידי(?)] בך וליכהל ברי
[ל]ישלח יד בבר[ך] ועקרי בעק[רך והן מ(26)לה(?) ימלל] עלי חד מלכן או חד
שנאי ותאמר ל[כל]מה מלך מה ת[עבד(?) ויש(27)לח יד ב]ברי ויקתלנה וישלח
ידה ויקח מן ארקי או מן מקני ש[ק(28)רת בעד]יא זי בספרא זנה והן יאתה חד
מלכן ויסבני אתה ב[כל (29) חילך וב]כל [..] חציא וכל מאפק[י]ך ותקף יקפי
ותמתע לי ה[.... ......]־ (30) ופגר ארבא מעל פגר באר[פ]ד ־־־ מן חד מלך

לאוין ומות (31) [.....]ם֯ ו֯הן ביום זי אלהן֯ ------ מר֯ח֯יא לתאתה בחילך ו֯א(32)[תם
לתא]תון בחילכם לשגב ב[י]ת֯י֯ [והן עק]ר[ך ל]יאתה לשגב א֯ית֯ עקר(33)[י שקרת
ל]אלה֯י֯ עדיא זי בספרא֯ זנה וח֯ב֯--- יע֯פ֯ן עמי ואכ֯הל מי (34) [ביר(?) ....]ל
ובי֯רא֯ [ה]א כל ז֯י י֯ס֯ב ליכ֯[הל ל]פ֯ר֯ק֯ ולמשלח יד במי בי֯(35)[רא ומלכ]א זי יעל
וילקח לבכ֯ה֯ א֯ו ח------- זי ילקח ---- בע֯ה֯- (36) [...... ל]אבדת אנגר֯א֯-- מל֯ה֯ם
--מ--כ֯ר֯ בקרית אימ֯אם ו֯הן֯ להן שק֯(37)[רת בעדא ז]נ֯ה והן --ק- לי --- לאכ֯-ל
--- להמ֯י֯ -י- נשא ת֯שלח --א- (38) [......]ם֯ והן לת֯הב לחמי ---[.]ש֯א֯ לי לחם
ולתסך שקרת בעדיא אלן֯ (39) [ואת לתכ]הל לתשא לחם אנ֯ח֯ כא֯ים֯ יק֯ם֯ לך
ותבעה נבשך ותאזל - (40) [... לקרי]ת֯ך֯ ולביתך י֯נ-- זר א-- ל֯נ֯בשי [ולכ]ל נ֯בש
בית֯י֯ ולט֯- (41) [.........] ב֯ה֯ ב֯ר֯ך וליג֯ז֯[רן מ]לה מלכי א֯[רפד] מנהם זי עדן
הי֯(42)[ן הם .....]ה֯---- טל֯ל֯ הא וסח הא ובל הא נתרחם ל֯נ֯בשך אמ-
(43) [........]----------- כע-- עמ֯ך כן תגזר אפלא֯ והן ------
(44) [........]נק֯---- יעזז קלבת֯ ביתי ע֯ל֯---ל֯-ח֯-אי אק֯ל---- (45) [........]--[על
ברי או על חד סרסי ויקרק חדהם ויאת[ה]

C (1) כה אמרן֯ [וכה כ(?)]ת֯בן מה (2) כתבת א֯[נה מתע]א֯ל לזכ(3)[רן לברי
[ולבר] ברי ז(4)[י יסקן ב[אשר]י לטבת(5)[א] יעבד[ו תחת] שמשא (6) [לב]י֯ת
מ[לכי(?) ז]י כל לח(7)[יה לתתעבד על] בית מ(8)[תעאל וברה ובר] ב֯ר֯ה ע[ד
(9) עלם ....]-ו-[..] (13-10) [Lücke] (14) [............]מ--- (15) י֯צרו אלהן מן
יו(16)מ֯ה ומן ביתה ומן (17) ל֯י֯צר מלי ספרא זי בנצ֯בא זנה (18) ו֯יאמר אהלד מן
מלו(19)ה֯ או אהפך טבתא ואשם (20) [ל]לחית ביום זי יעב(21)[ד] כן יהפכו אלהן
אש֯(22)[א ה]א וביתה וכל זי [ב](23)ה֯ וישמו תחתיתה [ל(24)ע]ליתה ואל ירת
שר֯(25)[ש]ה אשם

223

A ......(ושבע ססיה)

(1) [יהינקן על ואל ישבע ושבע שורה יהינקן עגל וא]ל֯ י֯שבע ושבע
(2) [שאן יהינקן אמר ואל ישבע ושבע עזן יהי]נקן גדה ואל יש֯
(3) [בע ושבע בכתה יהכן בשט לחם ואל יהרגן והן יש]ק֯ר לברגאיה ול
(4) [ברה ולעקרה תהוי מלכתה כמלכת חלם ואשמה(?) י(?)]ת֯נ֯שי ויהוה קב
(5) [רה .... וש]בע שנן שית שב
(6) [..................................וש]בע֯ שנן תהוי [.]
(7) [..................................]- ב֯כ֯ל רברבי֯ -
(8) [..................................]-ואת-[....] ו֯ארקה ו֯צע֯
(9) [קה.....................ויאכל] פ֯ם אריה ופם [..]- ופם נמ֯ר[ה] --
(10) [ ] --הו---פ֯[..]-ח֯--מ[...]
(11) [ ]אד----בדב[...]-----[...]

(12)]]־א ז֯י֯ ב֯י֯ת֯־־־[..]־פ־נ־י

(13)]]־־זר־נב־־־[...]־־־־־

(14)]]־־־ו֯־צ־־־[.....]־־־ ....

....

....

B

(1) ־־־־־־־־־־־־־־־־־־־־־] [

(2) ע֯דיא וטבתא ז[י] עבדו אלהן ב[ארפד ובעמה(?) ולישמע מתעאל ו]

(2') ולישמען בנ֯ו֯ה

(3) לישמען רבוה ו֯לישמע עמה ולי[שמען כל מלכי ארפד ....]

(4) י֯ם֯ זי יעור֯ן פהן תשמע נחת מ[......................ו]

(5) הן תאמר בנבשך ותעשת בלבב[ך גבר עדן אנה ואשמע(?) לברגאיה(?)]

(6) ו֯בנוה ועקרה פלאכהל לאשלח י[די(?) בך וברי בברך ועקרי בעקרך]

(7) ולחבזתהם ולאבדת אשמהם ו[הן יאמר מן חד בני אשב על כרסא]

(8) א֯בי ויבע ו֯יזקן ויבעה ברי א[ית ראשי להמתתי ותאמר בנבשך י]

(9) ק֯תל מן יק֯תל שקרתם לכל אלה[י עדיא זי בספרא זנה ....]

(10) [..]־נ֯ך֯ ובית גש ובית צלל ו[ ]

(11) [......]־־י ופגר ־־ך על פגר֯[ ]

(12) [......]־י ו֯ביום חרן לכל [ ]

(13) ־־־־־־־־־־ יא֯ת֯ה֯ א֯ל֯ ברי ובני בנ[י]

(14) מן יד שנא֯י֯ ו־־־־ו֯ן֯ שקרת֯ם֯ [בעדיא אלן ....]

(15) רבאב־־כמי־־־ ש֯מרובשק־[ ]

(16) ולאש י֯ה֯וננה הן יהונה בקר[ ]

(17) ־להו־ה־־־ הן תבעה ולת־[שק]

(18) [ר]ת לכל [אלהי ע]ד֯יא זי בספר[א זנה]

(19) [.]ליע֯[.....]לך יגבר עד ־־[ ]

(20) [.]ה֯נ֯[........] זי יעז מנך [ ]

(21) [.]־[..........]־־־־־[ ]

....

C

(1) [................ ומן י]א֯

(2) מ֯ר֯ להלדת ספריא֯ [א]לן מן ב

(3) ת֯י אלהיא אן זי י֯[ר]ש֯מן ו

(4) [י]אמר אהאבד ספר[י]א ולמ[.]

(5) ן֯ אהבד אית כתך ואית מלכ

(6) ה ויזחל הא מן לד ספר
(7) [י]א מן בתי אלהיא ויאמר ל
(8) זי לידע אנה אגר אגר ו[י]
(9) אמר לד [ספ]ריא אלן מן בת
(10) י [א]להיא ובלחץ עלב י[מת הא]
(11) ובנה
(12) ----את--------מ----
(13) [ישא(?)]ן כל אלה[י עד]יא זי בספרא
(14) [זנ]ה אית מתעאל וברה ובר ברה
(15) ועקרה וכל מלכי ארפד וכל רב
(16) וה ועמהם מן בתיהם ומן
(17) יומיהם

224

....................................(וכל זי יאתה אליך) (1) או אל ברך ⟨או
אל בר ברך⟩ או אל עקרך או אל חד מלכי ארפד וי[מל]ל [ע]לי או על ברי או
על בר ברי או על עקרי כים כל גב(2)ר זי יבעה רוח אפוה וימלל מלן לחית
לעלי [את ל]תקח מליא מן ידה הסכר תהסכרהם בידי וב(3)רך יהסכר לברי
ועקרך יסכר לעקרי ועקר [כל מ]לכי ארפד יהסכרן לי מה טב בעיני אעבד להם
ו(4)הן להן שקרתם לכל אלהי עדיא זי בספרא [זנה] והן יקרק מני קרק חד פקדי
או חד אחי או חד (5) סרסי או חד עמא זי בידי ויהכן חלב לתס[ך ל]הם לחם
ולתאמר להם שלו על אשרכם ולתהרם נ(6)בשהם מני רקה תרקהם ותהשבהם
לי והן לי[שב]ן בארקך רקו שם עד אהך אנה וארקהם והן תהרם נבשה(7)ם מני
ותסך להם לחם ותאמר להם שבו לתחתכ[ם] ואל תפנו באשרה שקרתם בעדיא
אלן וכל מלכיא זי ס(8)חרתי או כל זי רחם הא לי ואשלח מלאכי א[ל]וה לשלח
או לכל חפצי או ישלח מלאכה אלי פתח(9)ה לי ארחא לתמשל בי בזא ולתרשה
לי עלי[ה ו]הן להן שק[ק]רת בעדיא אלן והן מן חד אחי או מן חד בי(10)ת אבי או
מן חד בני או מן חד נגרי או מן חד [פ]קדי או מן חד עמיא זי בידי או מן חד
שנאי ו(11)יבעה ראשי להמתתי ולהמתת ברי ועקרי הן אי[ת]י יקתלן את תאתה
ותקם דמי מן יד שנאי וברך יאתה (12) יקם דם ברי מן שנאוה ובר ברך יאתה
יקם ד[ם ב]ר ברי ועקרך יאתה יקם דם עקרי והן קריה הא נכה (13) תפוה
בחרב והן חד אחי הא או חד עבדי או [חד] פקדי או חד עמא זי בידי נכה תפה
אי⟨ת⟩ה ועקרה ושג/ר(14)בוה ומודדוה בחרב והן להן שקרת לכל אלהי [ע]דיא זי
בספרא זנה והן יסק על לבבך ותשא על ש(15)פתיך להמתתי ויסק על לבב בר
ברך וישא על שפתוה להמתת בר ברי או הן יסק על לבב עקרך (16) וישא על
שפתוה להמתת עקרי והן יסק על [ל]בב מלכי ארפד בכלמה זי ימות בר אנש

שקרתם לכ(17)ל אלהי עדיא זי בספרא זנה והן ירב בר[י] זי ישב על כה(!)סאי
חד אחוה או יעברנה לתשלח לש(18)נך בניהם ותאמר לה קתל אחך או אסרה
ו[אל] תשריה [ו]הן רקה תרקה בניהם ליקתל וליאסר (19) והן לתרקה בניהם
שקרת בעדיא אלן וׄ[מ]לׄכׄןׄ [זי סחר]תי ויקרק קרקי אל חדהם ויקרק קר(20)קהם
ויאתה אלי הן השב זי לי אהשבׄ [זי לה וא]ל תעשקני את והן להן שקרת בעדיא
א(21)לן ולתשלח לשן בביתי ובני בני ובני אׄ[חי ובני ע]קרי ובני עמי ותאמר להם
קתלו מרא(22)כם והוי חלפה כי לטב הא מך ויקם חד [דמי והן ת]עבד מרמת
עלי או על בני או על עקר[י] (23) [ש]קרׄתם לכל אלהי עדיא זי בספרא זנ[ה]
ותלא[י]ם וכפריה ובעליה וגבלה לאבי ול(24)[ביתה(?) מן(?)] עלם וכזי חבזו אלהן
בית [אבי הא ה]ות לאחרן וכעת השבו אלהן שיבת בי(25)[ת אבי ורבה(?) בית]
אבי ושבת תלאים ל[ברגאי]הׄ ולברה ולבר ברה ולעקרה עד עלם ו(26)[הן ירב
ברי וירב בר ב]רׄי וירב עקרי [עם עקרך ע]לׄ תׄלאים וכפריה ובעליה מן ישא
(27) [..............מל]כׄי ארפד [..............]לנׄה שקרת בעדיא אלן והן
(28) [..] וישחדן כלמה מלך זי
י(29)[.. כלמה(?) ז]י שפרׄ וכלמׄהׄ זי ט[ב(?) ..]
....

225

(1) שנורבן כמר (2) שהר בנרב מת (3) וזנה צלמה (4) וארצתה (5) מן את
(6) תהנס צלמא (7) זנה וארצתא (8) מן אשרה (9) שהר ושמש ונכל ונשך יסחו
(10) שמך ואשרך מן חין ומות לחה (11) יכטלוך ויהאבדו זרעך והן (12) תנצר
צלמא וארצתא זא (13) אחרה ינצר (14) זי לך

226

(1) שאגבר כמר שהר בנרב (2) זנה צלמה בצדקתי קדמוה (3) שמני שם טב
והארך יומי (4) ביום מתת פמי לאתאחז מן מלן (5) ובעיני מחזה אנה בני בני רבע
בכונ(6)י והום אתהמו ולשמו עמי מאן (7) כסף ונחש עם לבשי שמוני למען
(8) לאחרה לתהנס ארצתי מן את תעשק (9) ותהנסני שהר ונכל ונשך יהבאשו
(10) ממתתה ואחרתה תאבד

227

Vs. [...] (2) [..]ן בׄיתאלעשנׄי (3) [ל]ביתאלידע בכסף (4) שקלן **27** (5) בשנת **34**
(6) [נ]בוכדרצר מלך (7) [בב]ל שהד געלא

Rs. (1) [בר] סוה שהד (2) [ב]יׄתאלדלני בר (3) [.]יזכה שהד (4) בׄיתאלדלני בר
(5) [.]דׄיחוט שהד (6) [..]יׄלא ספרא (7) [ ]

228

A (1) [..........] בשת **22** [......] (2) [.. בתימ]א צלם [זי מחרם ושנגלא]
(3) [ואש]ירא אלהי תימא לצלם זי (4) [הגם ...] שמה ביומא זן [בתי]מא
(5) [....................] זי (6) [....................] (7) [....................] (8) [....]א
להן [..........]א (9) זי [הקי]ם צלמשזב בר פטסרי (10) [בבית צ]לם זי הגם להן
אלהי (11) תימא צ[דק]ו לצלמשזב בר פטסרי (12) ולזרעה בבית צלם זי הגם
וגבר (13) זי יחבל סותא זא אלהי תימא (14) ינסחוהי וזרעה ושמה מן אנפי
(15) תימא והא זא צדקתא זי י[הבו] (16) צלם זי מחרם ושנגלא ואשירא (17) אלהי
תימא לצלם זי הגם א[....] (18) מן חקלא דקלן **16** ומן שימתא (19) זי מלכא
דקלן **5** כל דקלן (20) **21** [..] שנה בשנה ואלהן ואנש (21) לא יהנ[פק] צלמשזב
בר פטסרי (22) מן ביתא זנה ול[זר]עה ושמה (23) כמ[ריא בב]יתא זנה [לעלמא]

B (1) צלמשזב (2) כמרא

229

(1) [מ]יתבא זי קר(2)[ב] מענן בר עמ(3)[ר]ן לצלם אלה(4)א לחיי נפשה

230

נפש עלן ברת שבען

231

ז דמת . ב̊עמ[..] . זי . כ האי[...

232

[¯¯¯]ו̊ת . ה[¯¯¯¯]ח ב̊ר̊ ⁚ עמא . למראן . חואל . בשנת [.   ]

233

(1) [אל א]חי פרור אחוך בלטר שלם לש̊[ן]
(2) [....]¯ עמי את במתכדי ואנה וערבי ומ̊[ן]
(3) [....אזל]ת מן ארך עם גרצפן ועם וגמ̊ר אנ̊[ן]
(4) אנה [.......... ב]בית אוכן 4 המו אגרת מלך בבל [ ]
(5) בידה[יה]ם י̊[......... ב]בית אוכן בחפירו במדברא אחזן המ[ו]
(6) איתהם ¯¯¯[......... ה]ושרת למ̊ר̊י מלכא̊ אזי ¯¯¯ אחזן ה̊מו̊ א̊נה̊[ן]

(7) ואתית ----- קׄדם [מרא]יׄ מל[כא] ---ן עם כלביא שמן יהבׄ המו לי מראׄיׄ מלכׄא [

(8) כיזא {זא} אמר לי מראי מלכא לאמר [זלך] המו ולטחנו לה ישעם כאׄ בׄזית ב--[

(9) בית אוכן המו ידיהם כתבת וקימתׄ קדמׄי ק[ר]קׄ קרקו הלו בבית אוכן המו מן ידהׄיׄ[הם

(10) אבׄי יאמׄרׄ לאמר מן שמהיקר [נ]בוזרכן אחשׄי וולול נבוזרכן ואחשי אפקנרביל שם[

(11) וולוׄל שמהׄיקׄרׄ ואבי הלו הׄ---- כזי יאתה אׄפקנרביל אשור מן עקב יהתב המו לאפקׄ[נרביל (והן)]

(12) פלסׄר [יש]אל הצדא הני מליא אלה ב[לטר] שמי כתׄב על ידהׄיׄהם וקרא המו שאלהמׄוׄ הצדׄ[א הני

(13) [מלי]א [א]לׄה הל[ו] עבדן המו זלי קרקו הלו [.]-- זי בית אוכן המו הלו נדמרדך עזרך שלחת קׄדמׄ[י(?)

(14) [....] המו אׄחזא המו הושר לן אזי בר נמ-[...]בׄן ובר ב---זׄבן זׄבנאדן ונבושלם זי בית עדׄן אזי

(15) [... יד]ע שבׄי שׄבׄהׄ תכלתפלסר מן בית אוׄכן [ושבי] שבה אללי מן בית עדן ושבי שבה שרׄכן מן דרסן

(16) ושב[י שבה סנ]חרב מן כש וׄ-[מלכי] אׄשוׄרׄ יגזׄ[רן .....]בׄ מן שנׄה יקרקן ויכסׄאן המו וכימן מלכי א[שור

(17) בׄיׄדיׄךׄ ה[מו ....]-- לאמר קרקי אל תחוו מׄ-כ---[......]- אשׄורׄ אשה אכלתהם ומראי מלכא פקד[

(18) למ-דא א[....] קרקי אשור יכסאׄן

(19) לנׄבוזׄרׄש[בש] וׄ[...]ארׄה מלאכתׄי אשׄלׄחׄ לך וׄהׄ---[.........]-- הלבתי מלא את לׄבׄתׄ אלהא זי ---- [

(20) למה לבתי מלא הׄא וכעׄתׄ ---- אׄפיא בׄ-ק-[.........א]פיא כזי תחוה ויׄאׄ-- שנה שלחנׄהׄ -[

(21) בבית דׄבלא ל---ן ש[וד]ן ה-- זי הׄמרׄתׄךׄ זי את[...........] שודן זׄיׄ בׄיתׄ דׄבׄלׄאׄ

234

Vs. (1) שערן זי (2) סרסלמח (3) על אכדי (4) (sâti) **3** (emāru) **3**

Rs. (1) חצד **1** (2) שהדן בלדן (3) בלסרצר (4) מנגאסר (5) תקן (6) דדבן מנגאסר

235

Vs. (1) שערן זי (2) אסרסלמח (3) על סבאסר (4) (sâti) 8 (emāru) 4 (5) באדרן

Rs. (1) ינתן שהדן (2) בלסראצר (3) קבי̊אש (4) לקף

236

Vs. (1) חתם . שנ̊אד ב[ר] (2) רסל . חזן . אגלה (3) שערן (emāru) 2 . זי . אלקב ⟨על⟩ (4) שנ̊[נ]א̊ד . ד̊נת̊ . לקח (5) רביה (emāru) 1 ב 1 (emāru) 5 (sâti) (6) וחצד . ירח (7) תצרח

Rs. (1) לאם . שלמאסר (2) סכל ש[הדן] . עבדא (3) אדשי . א̊חבן (4) סרסרד דא̊ (5) גבמר שהד (6) כנני ספרא (7) שמשדלה יהב (8) שעריא

237

(1) ברנני בר יהבשי (2) ארדכלא ובניה[י] (3) גלפא

238

(1) גלף נני (2) גדי(3)ה[ב] (4) בר זרק̊א (5) על חיא (6) נשריהב (7) בר̊ה̊ (8) דכיר (9) ל[ט]ב

239

(1) צלמתא די סמי ברת עגא בר (2) אשתטי בר סליך די איקים לה עגא (3) בעלה בר אבא כמרא דאתרעתא (4) אבא גלף בר עגא זרקא

240

(1) לא . דכיר גדיהב בר נשרי בר עבא ועבסא בר עבדנרגול (3) כצרא רחמה לטב קדם זקיקא וכול דלדכ[ר] (4) חנו דכיר לטב

241

(1) דכרנין טבין לעקיבא רביתא די [בעלשמין] בר עבדשלמא קדם בע[לש]מין מלכא

(2) דכרנין טבין לחבוסא ארדכלא בר עובדו בר ענני קדם בעלשמין מלכא

242

(1) צלמא דעבדסמיא בר ורדנ{ב} (2) בר שלי אקים לנפשה על (3) חייהי דדה ודאחיהי (4) ודמן דרחים לה כלה . (5) דכיר לטב

243

(1) צלמא די אתלו מלכא נתונאשריא (2) פלח אלהא בריך אלהא די (3) [.....]

244

(1) דכיר ובריך קדם בעשמין אלהא וקדם אלהא כלהון (2) נשרעקב בר מרכא די בר מרין וגדיהב לטב ולשנפיר (3) ומן די לשחקה לטב בעשמין קנה וזרעה מן ק⟨ד⟩מיהי (4) ובגן שחרו על ימתה די מן די לקריהי ולא (5) לדכרה{י̊} לנשרעקב לטב ולשנפיר

245

(1) בל דכיר ברזקיקא קדם מרן ובעשמן ררבא לטב אנא עבדי כתבית
(2) בל דכיר שמעני לטב אנא עבדי כתבית
(3) בל דכיר ת[מלת] לטב
(4) מן די למר די דכרין לטב [דכיר לטב]
(5) דכיר לביש מן די לשחק ולקר [ה]נ[ו]

246

(1) דכיר ובריך נשריהב בר עוידאלי בר עבדשלמא כמרא רבא קדם (2) מרן ומרתן ובר מרין ובעשמין אלהא ררבא לטב ⟨ו⟩לשנפיר הו ⟨ו⟩מן די (3) רחים לה לטב ולשנפיר (4) גדפי

247

(1) בגן מרן (2) ומרתן ובר מ[רין] (3) ושחרו ובעשמ[ין] (4) ואתרעתא על [מן] (5) דלעול להכא (6) במשן

248

(1) צלמתא די אבו ברת (2) גבלו די אקים לה (3) אשא בר שמשטיב (4) בעלה די מיתת ברת (5) שנין **18** בגן מרן (6) ומרתן ובר מרין (7) ובעלשמן ואתרעת (8) על מן די קטלה (9) וחדי לה (10) ועל נשא די מלי (11) ו̊נ̊סך [..]נה די (12) א[בו]

249

(1) באלול שנת **549** צלמתא (2) די קימי ברת עבדסמיא חמדא (3) אנתת נשרעקב ספרא דבר מרין (4) די אמרת לה אשרבל בתלה (5) ואיקימת לנפשה על חייה ועל ח[יא] (6) נשרעקב בעלה ועבסא אחוהי רי[ש] (7) דירא כלה גויתא ובריתא דבר מרין ומן (8) די רחים להון כולה

250

(1) בירח תשרי שנת **549** (2) צלמתא ⟨ד⟩דושפרי ברת (3) סנטרוק מלכא בר עבדסמיא (4) מלכא ובתסמי⟨א⟩ אמא די ⟨עבדסמיא⟩ פוגריבא (5) [(די אקימו)...]
(6) ועגילי בר סתנבל רחמה

251

(1) דכיר נשריהב בר חירא (2) בר ו̊ילת ⟨בר⟩ בלגא (3) [ל]טב ולשנפיר קדם
(4) מרן ומרתן ובר מרין אלת (5) וסמיתא כלהון הו ומן דרחים לה

252

ארזא די בנא מקימשמש בר ורוד [ר]ביתא [ד]י פ מרתן ל[נרגו]ל אלהא ע[..]ת[.]תי[..]

253

(1) בירח מרחשון שנת **476** בנא פתרא ומקמא (2) עבדמליך בר יהיבא ועקיבשמש ברה על חיהן (3) וחיא בניהן

254

בנחשא ט[בא ע]ל חיא נצרו מדיא אפכ[ל]א רבא דאלהא

255

נרגול כלבא דכיר גרבא לטב

256

(1) קם נ̊א מרן ומרתן (2) ובר מרין ואלת ושחרו (3) דכיר נשרי לטב ולשנפיר
(4) קדם מרן וגדה ושמש (5) ומרונ̊יתה וברה וסמיתא (6) כולהון ובגן מרן על כול
מא (7) אנש כולה דלעביד בה זפה ולכתוב (8) עליהי מדען דבש

257

(1) דכרנא טבא למלכין בר (2) שמישו מחויא די קריב (3) מן עבדא הדין לשמש
אלהא (4) דנרא **100** על חייהי לעלם

(1) Μαλχιων Σομεσου
(2) ἔδωκεν εἰς τὸ ἀνάλω-
(3) μα θεοῦ Ἡλίῳ(!) [δηνάρια] ρ' ὑπὲρ σω-
(4) τηρίας

258

(1) פתכר זנה הקם נגשת (2) קדם אד̊רסכ̊ן ל̊גננ̊ה (3) נפשי זי לה ומן ביש
(4) יעבד עם פתכרא̊ זנה (5) ויבעה לה שהר ושמש

259

(1) עד תנה תחום ד̊נל (2) ומן זי את תב ויבע(3)ון לה בעלשמין (4) רבא שהר
ושמש (5) ולזרעא זי לה

260

A. Lydischer Teil

(1) [*borlλ 10 artakśassaλ †aλmλuλ dãν o]ṟaλ islλ bakillλ esṯ mrud eśśk
(2) la †risak †elak kudkit ist esλ vãṉ[al] [vãnaś]
(3) bλtarvod akad manelid kumlilid silukalid akit ṉ[ã†is]
(4) esλ mruλ buk esλ vãnaλ buk esνaν
(5) la †(i?)risaν bukit kud ist esλ vãnaλ bλtarvo̱[d]
(6) aktin nã†is †eλk fẽnsλifid fakmλ artimuś
(7) ibśimsis artimuk kulumsis aaraλ biraλk
(8) kλidaλ kofuλk †iraλ †elλk bilλ (?) v↑ba†ẽnt
od. b(ilλk arl)iλ?

B. Aramäischer Teil

(1) ב **5** למרחשון שנת **10** ארתחשסש מלכא (2) בספרד בירתא זנה סתונה
ומערתא ד/רד/רחתא (3) אתרתא ופרבר זי על ספרב זנה פרברה אחר (4) זי
מני בר כמלי סרוכ̊יא ומן זי על סתונא זנה או (5) מערתא או לד/רד/רחתא
לקבל זי פרבר למערתא (6) זנה אחר מן זי יחבל או יפרך מנדעם אחר
(7) ארתמו זי כלו ואפששי תרבצה ביתה (8) קנינה טין ומין ומנדעמתה יבדרונה
וירתה

261

(1) אנה ו֯שו֯נש בר (2) אפו֯שי בר ברה זי (3) ו֯שו֯נש ואמי (4) אשו֯לכרתי וכזי
(5) צידא עבד אנה תנה (6) ובאתרא זנה משתרה אנה

262

[א]סתודנה זנה [א]רתים בר ארזפי עבד אחד מן זי מ[ ]

[Ἀ]ρτί[μας Ἀρσάπιος Λιμυρεὺς Ἀρτίμου δ' Κορ]υδαλλέως πρόπαππος [ ]
προκατεσκευάσατο τὸν τάφον [τοῦτον ἑ]αυτῷ καὶ τοῖς ἐγγόνιος

263

אספרן לקבל סתריא זי כספא

264

(1) מזר֯א דינמזדיסנ֯ש [ז]א (2) [מלכ]תא אחתה ואנתתה זי ביל (3) כן אמר אנה
אנתת זי ביל מלכא (4) אחר ב֯י֯ל כן אמר לדינמזדיסנ֯ש (5) אנת אחתי שגיא חכים
(6) ושפירא אנת מן אלהן (7) ועל זך אנה שוית לך (8) אנתת ל֯(9)בי

265

(1) Σαγάριος
(2) Μαη[...]ρνου
(3) στρατηγ[ὸ]ς
(4) Ἀριαραμνεί(ας)
(5) ἐμάγευσε
(6) Μίθρη(ι)

(1) סגר בר מהיפרן רב מגא (2) מגיש [למ]תרה

266

(1) אל מרא מלכן פרעה עבדך אדן מלך ע֯[קרן שלם מראי מרא מלכן פרעה
אלהי]
(2) שמיא וארקא ובע֯לשמין אלה֯[א ישאלו שגא בכל עדן ויהארכו יומי]
(3) פרעה כיומי שמין ומין ז֯י [.......... חילא(?)]
(4) זי מלך בבל אתו מט֯א֯ו֯ אפק וש֯[
(5) ----אחזו ו֯י֯ב֯ל֯ו [ ] ב֯כל [
(6) כי מרא מלכן פרעה ידע כי עבדך[

(7) למשלח חיל להצלתני אל ישבקנ[י
(8) וטבתה עבדך נצר ונגד/רא זנה[
(9) פחה במתא וספר שנדור סנ[

267

A (1) בריך אבה בר חור ואחתבו ברת עדיה כל **2** זי חסתמח קריתא (2) קדם אוסרי אלהא אבסלי בר אבה אמה אחתבו (3) כן אמר בשנת **4** ירח מחיר חשיארש מלכא בזי מ[לכיא] (4) ביד פמנ[...]

268

(1) חתפי לקרבת בנת לאוס(2)רי חפי עבד אבישב בר (3) בנת לה יעבד קדם אוס(4)ח(!)רי חפי

269

(1) בריכה תבא ברת תחפי תמנחא זי אוסרי אלהא (2) מנדעם באיש לא עבדת וכרצי איש לא אמרת תמה (3) קדם אוסרי בריכה הוי מן קדם אוסרי מין קחי (4) הוי פלחה נמעתי ובין חסיה [.........]

270

A (1) כען הלו חלם (2) **1** חזית ומן (3) עדנא הו אנה (4) חמם שגא (5) תחזי יח(6)מליה (7) שלמי
B (1) כען הן צבתי (2) א'ל תזבני המו (3) יאכלו ינקיא (4) הלו לא (5) שאר (6) קטין

271

A

(1) [..]יעל אסמן בר[
(2) באלף מנחמן זי הס[
(3) וידניה גשוריא מ[
(4) ושאל על פטוסרי[
(5) שחפמו באלף ב־־[
(6) ושאל על חנ־[
(7) פטחרפחרט[
(8) בר פומן כ[

(9) בר ס̊נ̊[

(10) [.....]ל[

B

(1)]צחא בר חכרטיס i̊

(2) ינ]תנון והן אמרו

(3) באל]ף̊ חרתבא ובאלף חכרטיס!

(4)]־ן לך על פוחרב אמר

(5) י]הבתם לה סד/רנו

(6)]לא יהב לן

(7)]מלכיה סון

(8) פ]טנתר בר

(9)]ב̊א̊לף

272

ענחחפי בר תחבס מנחה זי אוסרי אלהא

273

(1) זכרותא[

(2) לדמידתי על[

(3) נגרותא על[

(4) ארזוש נגרותא[

(5) ולאבוהי הוו[

(6) הופתיסתי זנה[

(7) זך בהוורדה[

(8) הונשתון זי הות[

(9) מראן פרידר[

(10) הלכו תר/ד[

(11) ואף בנוהי[

(12) למראן פרידר[

274

A (1) ארתחשסי (2) מלך בר זי (3) זריתר (4) רונדכן חלק (5) [ארק בין (6) קרי]

B (1) [אר]תחשסי (2) [מל]ך בר זי (3) [זר]יתר חל[ק] (4) [אר]ק בין (5) [קר]י

C (1) ארתחשסי מלך (2) בר זי זריתר (3) רונדכן חלק (4) ארק בין קרי

276

(1) אנה סערפיט ברתי זי (2) זיוח קליל בטחש זי פרסמן (3) מלך אנתת זי יודמנגן ונציח (4) וכביר ארוסת עבידא רב (5) תרבץ זי חסיפרנוג מלך ברי (6) זי אגריפ רב תרבץ זי (7) פרסמן מלך חבל חבליך מא (8) זי פרנוש לא גמיר והכין (9) טב ושפיר יהוה היך זי בר (10) אינש לא דמע יהוה מן (11) טבות ומאיתין בשנת **21**

(1) Σηραπεῖτις Ζηουάχου
(2) τοῦ νεωτέρου πιτιάξου
(3) θυγάτηρ Πουπλικίου Ἀγρίππα πιτι-
(4) άξου ὑιοῦ Ἰωδμανγάνου γυνὴ
(5) τοῦ πολλὰς νείκας ποιήσαντος
(6) ἐπιτρόπου βασιλέως Ἰβήρων
(7) μεγάλου Ξηφαρνούγου ἀπέ-
(8) θανε νεωτέρα ἐτῶν $\overline{\kappa\alpha}$
(9) ἥτις τὸ κάλλος ἀμείμητον
(10 εἶχε

G. Nachträge

26

D

(1) [¯¯]בך בנן א֯ית הקרת֯ ז אית א֯זתודי ו֯/כ֯[....
(2) [¯(¯)]ד פעל נוול֯֯[¯]נמש המס֯כ֯ר כ[¯¯] ב֯על ה[....
(3) [¯(¯)]ה֯ש֯ער֯[ ] בן צצש בן [....
(4) מכנ[¯¯]י[¯] כ֯ל֯֯[¯]פיש הס֯כ[ן ....
(5) ע¯[..............]ן֯ אית֯[....

277

(1) לרבת לעשתרת אשר קדש (2) אז איש פעל ואש יתן (3) תבריא . ולנש מלך על (4) כישריא . בירח . זבח (5) שמש במתן אבבת ובן֯ (6) תו . כעשתרת . ארש . בדי (7) למלכי שנת שלש **3** בי(8)רח כרר בים קבר (9) אלם ושנת למאש אלם (10) בבתי שנת כם הככבם (11) אל

278

(1) זנה תחום כרביל (2) וכרשי קריתא (3) זי מהחסן כבבה (4) זי פושד/ר זי בכשתבלי (5) ואיש זי יחגה (6) לתחומא זנה קדם (7) כבבה זי פושד/ר (8) או איש אחר֯ן

279

(1) Δέκα ἐτῶν πληρη[θέντ]ων βασιλεὺς (2) Πιοδάσσης εὐσέβεια[ν] ἔδειξεν τοῖς ἀν(3)θρώποις, καὶ ἀπὸ τούτου εὐσεβεστέρους (4) τοὺς ἀνθρώπους ἐποίησεν καὶ πάντα (5) εὐθενεῖ κατὰ πᾶσαν γῆν, καὶ ἀπέχεται (6) βασιλεὺς τῶν ἐμψύχων καὶ οἱ λοιποὶ δὲ (7) ἄνθρωποι καὶ ὅσοι θηρευταὶ ἢ ἁλιεῖς (8) βασιλέως πέπαυνται θηρεύοντες, καὶ (9) εἴ τινες ἀκρατεῖς, πέπαυνται τῆς ἀκρα(10)σίας κατὰ δύναμιν, καὶ ἐνήκοοι πατρὶ (11) καὶ μητρὶ καὶ τῶν πρεσβυτέρων παρὰ (12) τὰ πρότερον, καὶ τοῦ λοιποῦ λῷϊον (13) καὶ ἄμεινον κατὰ πάντα ταῦτα (14) ποιοῦντες διάξουσιν.

(1) שנן — פתיתו עביד זי מראן פרידרש מלכא קשיטא מהקשט
(2) מן אדין זעיר מרעא לכלהם אנשן וכלהם אדושיא הובד
(3) ובכל ארקא ראם שתי ואפ זי זנה במאכלא למראן מלכא זעיר
(4) קטלן זנה למחזה כלהם אנשן אתהחסינן אזי נוניא אחרן
(5) אלך אנשן פתיזבת כנם זי פרבסת הוין אלך אתהחסינן מן
(6) פרבסתי והופתיסתי לאמוהי ולאבוהי ולמזישתיא אנשן
(7) איך אסרהי חלקותא ולא איתי דינא לכלהם אנשיא חסין
(8) זנה הותיר לכלהם אנשן ואוספ יהותר

Ergänzungen

H. Phönizische Inschriften

280

(1) בא[רן אנך לחדי וכן הן אנך שכב בארן זן אסף במר ובבדל]ח
(2) בל לפתח ע[לת ארן זן ולרגז עצמי העגזת בקשן האדר ובכל דר]ם
(3) [כמדי אדן מלכם ודרכם רחקם ילכת בררם]
(4) [יא מכסת אקנא אגן ויספ]ת
(5) [כהון ים לאגד לם מלחמ]ת
(6) ממ[לכת לאביתי זר ח]
(7) [נ צמד חד]

281

הסמל ז אש יתן בעלשלם בן מלך בענא מלך צדנם בן מלך עבדאמן מלך צדנם בן מלך בעלשלם מלך צדנם לאדני לאשמן בען ידל יברך

282

המנחת אש יתן עבדמסכר רב עבר לספת רב שני בן בעלצלח לאדני לשלמן יברך

283

(1) [... ב]ן֯ בל֯[ ]
(2) [..]א בן חנ֯[ ]
(3) א֯ב֯י֯ב֯[ל] בן [ ]
(4) מר[י]חי֯ בן [ ]
(5) בע{ש}ל֯ש֯ל֯ם בן
(6) בעל֯ש֯לם

(7) רמן בן ב[ ]

(8) עבדססם

(9) אב֯ה֯א בן [ ]

(10) שמע בן ג[ ]

(11) עבדצ֯ד֯ בן א֯[ ]

(12) עבדשמש ב֯ן [א]שמנשלם

(13) אד֯מפלס בן גרתנת

(14) עשתרתיתן מג֯ן

(15) Anfang getilgt מתן בן מלכחף

(16) [ ] x x [ ] x x

284

(a) גרחמן

(b) תנתשבע אשת אלם

(c) מלקרתאב

(d) גרגש

(e) בן תנתעלא

(f) לבאי

(g) עבד[..] בן בעלי

(h) עשתרתל[א]ת

(i) לאמתשמן

(j) מהרי בן יסף בן אמיאח

(k) מצבת מלך בן עשתרתג

(l) גראשמן

(m) אמתמסכר

(n) הרב

(o) לאמן

(p) תמאאל֯

(q) לגרתא

(r) שבעת x בת עזבעל

(s) למלכא בת פדן

(t) לכלבת בת עבסכן

(u) עשתר֯תאסף

285

(1) הסםל . אז פ(2)על שלם . בן מ(3)פעל בן עזי . ל(4)תנת עשתרת

286

(1) בת . בן . אכיש . בן . פדי . בן . (2) יסד . בן . אדא . בן . יער . שר
עק(3)רן . לפתגי.ה . אדתה . תברכה . ות(4)שמעְה . ותארך . ימה . ותברך
(5) [א]רצ֯ה

287

A + B

(1) אשלפרן | סכן | ילבש | יתן | גרל | לעבדי | למסנזמש | בתמר֯ס | נטע |
הא(2)מטעם | בשד | בכר | בימת | אשלפרן | וכרם | זר | יתנל | באדרוז |

ERGÄNZUNGEN (287–292) 71

וכר(3)ם ׀ אש ׀ בכו ׀ ואף ׀ ולוי ׀ יתן ׀ למתש ׀ ולכלש ׀ בוריכ֯לי ׀ ואף ׀
(4) מתש ׀ יתן ׀ לכלש ׀ שד ׀ זבל ׀ וכרמם ׀ בשד ׀ זבל ׀ תחת ׀ קרת ׀
וכר(5)מם ׀ אש ׀ תחת ׀ מל ׀ ואף ׀ בעל ׀ כר ׀ ישב ׀ בן ׀ וקב ׀ מתש ׀ קבת ׀
אדרת (6) ׀ לבל ׀ גזלי ׀ אדם ׀ שד ׀ אם ׀ כרם ׀ בד ׀ שפח ׀ כלש . בכל ׀
אש ׀ יתן (7) ׀ ל ׀ מתש ׀ וכם ׀ אש ׀ יגל ׀֯ אית ׀ מסנזמש ׀ בימת . אזושש ׀
ו(8) ׀ יסב ׀ מלך ׀ וריך [׀] למסנאזמש ׀ כל ׀ השדית ׀ אל (9) ׀ ומצא ׀ לפני ׀
פהלש ׀ המלאך ׀ ולגבש ׀ אח ׀ לא

C

(1) וננמתש . ואף [׀] מסד . בת . יתן ׀ מתש ׀ לכלש [׀] (2) ובימת ׀ אזושש ׀
יסב ׀ למסנאזמש ׀ (3) והספר ׀֯ ז ׀ שת ׀ פהלאש ׀ הספר ׀

288

(1) תרפי אז אש יטנא מלך מלכיתן מלך כתי ואדיל בן בעלרם וכל עם כתי
לאדנם לבעל עז במצאנם (2) אבן ועזרנם הפפים לאגד לן מלחמת ב[ימ]ם [ ]
לירח זיב שת 1 למלכי על כתי ואדיל ויצא (3) ע֯לנ֯[ם מח]נת אש כתי לאגד לם
מלחמת במקם א֯ז בים הא בנתי ויתן לי ולכל עם כתי (4) בעל ע[ז ע]ז ונצחת
בכל אבן ובעזרנם הפפים ויטנאת אנך וכל עם כתי אית התרפי א(5)ז לב[על] עז
אדני כ שמע קלם יברכם

289

(1) [ב]ירח אתנם בשנת 42 מלך פמייתן מלך כתי ואדיל בן מלך מלכיתן מלך
(2) [כת]י ואדיל סמל אז נדר ויטנא עבדא בן כלכי בן עבדא בן שמר רב
(3) [ספ]רם על בני על כלכי לאדני לאשמן כשמע קל יברכן

290

(1) המצבת ז אש יטנא בעלרם בן אשמנאדן (2) בן לוא לאבי אשמנאדן בן
בעלרם בן לוא (3) ולאמי לאשם רבתי בת עשתרתיתן בן מתן בן פמ[י]

291

כס שמ֯ע . בן לאמ֯ן

292

[Ἀφρ]οδίτηι ἱδρύσατο
[ ]τιμος Ἀβδαλωνύμου
[Σιδ]ῶνος βασιλέως
[ὑπ]ὲρ τῶν πλεόντων

(1) לרבתי לעשתרת פעלת תעל ז א[נך]־[

(2) בן מלך עבדאלנם מלך צדנם על חי כ[ל מלחם]

(3) אש֯   ע֯ל כל מ֯שא֯ת א֯ש מן לנ֯]

293

(1) מצבת קברי אנך עבדא (2) בן עבדאלנם ארודי

(1) Δημήτριος Ἱερω(2)νύμου Ἀράδιος

294

(1) כסא אז פעל בעליתן (2) בן דעמלך ועבדבעל ב(3)ן דעמלך בן ישאל ל(4)עשתרת חר רבתן כ (5) שמע קל דב֯רנם

J. Punische Inschriften

295

(1) יברך שדרפא את (2) חנבעל בן בעלחנן (3) ואת כנש

296

(1) לאדן לבעל חמן מתנ{ת}(2)ת אש נדר יכנשלם ב(3)ן עבדמלקרת כ שמע קל דבר(4)י

297

(1) לאדן לבעל חמן מלכת אש {נ֯} (2) י֯תן֯ עבדמלקרת בן בדגד (3) בן אשמנעזר בן עבד(4)מסכר כ שמע קל דברי

298

(1) לאדן לבעל חמן (2) מלכת֯ בעל אש נדר (3) חמלכת בן מתן

299

(1) לאדן לצד אדר באבי מש נחשת אש נדר חמלכת בן (2) עבדאשמן בן בדמלקרת אש ב⟨ע⟩ם אכרלי֯

300

(1) [   ]אש בעם הכרלא בן (2) [   ] השפט ישמע קלא יברכא

301

(1) [ ] אש נדר חמלכת (2) [ ] בן בעליתן השפט (3) [ ]ד̊רבעל השפט בן
(4) [ ]עם הסלכי בשת (5) [ ]ח̊נא

302

(1) ..... כבד האדמם המת רבתן .... (2) ... בר[חת האדמם המת וברחת אזרתנם וא.......... (3) וכל אדם] אש לכף אית אמתנת ז ולעכר ולשבת יאמל יד(4)[א וכל א]דם אש איבל משרת וכפת רבתן תנת פן בעל וא(5)דן ב[על] חמן אית אדמם המת בחים על פן שמש דל אזר(6)תם וא..נם קרא למלקרת יסף עלתי לשלם ולירחי (7) במקמ.. שרת לקנא וכן לא.חל ושלם וטנת אמתנת (8) ז בחדש [פ]עלת שת אשמנעמס בן אדנבעל הרב וחנא (9) בן בדעשתר[ת] בן חנא הרב וילך רבם אדנבעל בן גרסכן הר(10)ב וחמלכת בן חנא הרב עלש ותמך המת אית אגרגנת ושת(11).ת שלם דל בעלנוס [וב]עלחרש מנר בן עבדמסכר ובעלעזר בן זבג שח...

303

(1) פתח ופעל אית החץ ז למקם שער החדש אש כן בח[מת דרם עם קרתחדשת בשת] (2) שפטם שפט ואדנבעל עתר אדנבעל בן אשמנחלץ בן בן[.... ו ... בן בדמל](3)קרת בן חנא וחברנם טנאם על ממלכת ז עבדמלקרת [בן .... בעל חרש] (4) בדמלקרת בן בעלחנא בן בדמלקרת פלס יהואלן אח [בדמלקרת חצב ועמל ביכל] (5) סחרת נסת המכסאם אש בעמק קרת שקל מחתת ואש אי[ן כסף ואי חרץ לם ואף] (6) אש לם חרץ ומאננם ובת תנרם ופעל סדלם אחדי ו[אם ימח אש אית הספר ז] (7) וענש המחשבם אש לן אית האדם הא כסף אלף 1 לפעל מנם [.... במחר הספר]

304

CENTENARI MV FEL THLANA MARCI CECILI BY MVPAL EF SEM [M]ACER BY BANEM BVCV BVO

305

BYNOM MRAVSYN AV[R]YS FELV TABVLA Y BVD BANNOM

K. Moabitische Inschrift

306

(1) [כ]מ֯שית . מלך . מאב . הד֯[ ]

(2) [ ]ת֯(?) . כמש . למבער . כי . אה(?)[ ]

(3) [ ]נה . והן . עשתי . את [ ]

L. Ammonitische Inschriften

307

(1) [מ]לכם . ב֯נה . לך . מבאת סבבת [ ]

(2) [ ] . ככל . מסבב ፡ לך . מ֯ת ימתן [ ]

(3) [ ] כחד . אכח֯ד֯[ה]ו֯ ፡ כל מער ፡ ב֯[ ]

(4) [ ] ו֯בכל . ס[ב]ב֯תילה֯ן֯ . צדה֯[ ]

(5) [ ] ל . ת דלת בדלת . בטן כר֯ה[ ]

(6) [ ] ˉ ˉ ה . תשתע . ב֯בן֯ . אלם [ ]

(7) [ ] וש֯ ˉ ˉ ˉ ˉ . ו֯כ֯ ˉ ˉ [ ]

(8) [ ] ש֯לם . לך . וש֯ ˉ ˉ ˉ ˉ [ ]

308

(1) מעבד . עמנדב מלך בן עמן (2) בן הצלאל . מלך בן עמן (3) בן עמנדב מלך בן עמן (4) הכרם . וה{.}גנת והאתחר (5) ואשחת (6) יגל וישמח (7) ביומת רבם ובשנת (8) רחקת

M. Aramäische Inschriften

309

(1) דמותא ׀ זי ׀ הדיסעי ׀ זי : שם : קדם : הדד סכן (2) לגוגל : שמין : וארק : מהנחת : עסר : ונתן : רעי (3) ומשקי : למת : כלן : ונתן : שלה : ואדקור (4) לאלהין : כלם : אחוה : גוגל : נהר : כלם : מעדן (5) מת : כלן : אלה : רחמן : זי : תצלותה : טבה : יסב (6) סכן : מרא : רב : מרא : הדיסעי : מלך : גוזן : בר (7) ססנורי : מלך : גוזן : לחיי : נבשה : ולמארך : יומוה (8) ולכבר : שנוה : ולשלם : ביתה : ולשלם : זרעה : ולשלם

(9) אנשוה : ולמלד : מרק : מנה : ולמשמע : תצלותה : ול(10)מלקח : אמרת
: פמה : כנן : ויהב : לה :
ומן : אחר : כן (11) יבל : לכננה : חדס : ושמים : לשם : בה : וזי : ילד :
שמי : מנה (12) וישים : שמה : הדד : גבר : להוי : קבלה : צלם : הדיסעי
(13) מלך : גוזן : וזי : סכן : וזי : אזרן :
לארם ודדת : כרסאה (14) ולמארך : חיוה : ולמען : אמרת : פמה : אל :
אלהן : ואל אנשן (15) תיטב : דמותא : זאת : עבד : אל : זי : קדם : הותר
:
קדם הדד (16) יסב : סכן : מרא : חבור : צלמה : שם : מן : ילד : שמי :
מן : מאניא (17) זי : בת : הדד : מראי : מראי : לחמה : ומוה : אל
: ילקח : מן (18) ידה : סול : מראתי : לחמה : ומוה : אל : תלקח : מן :
ידה : ול(19)זרע : ואל : יחצד : ואלף : שערין : לזרע ופריס : לאחז : מנה
(20) ומאה : סאון : להינקן : אמר : ואל : ירוה : ומאה : סור : להינקן (21)
עגל : ואל : ירוי : ומאה : נשון : להינקן : עלים : ואל : ירוי (22) ומאה :
נשון : לאפן : בתנור : לחם : ואל : ימלאנה : ומן : קלקלתא : ללקטו :
אנשוה : שערן : לאכלו (23) ומותן : שבט : זי : נירגל : אל : יגתזר מן :
מתה

Akkadische Version:

(1) ana ^{d}adad gú-gal šamê^{e} u erṣeti^{ti} mu-šá-az-nin (2) nuḫše na-din ri-i-ti u maš-qí-te (3) ana nišē kal dadmē na-din (4) iš-qu u nin-da-bé-e (5) ana ilī aḫḫē-šú gú-gal nārāti (6) mu-ṭa-ḫi-du kib-ra-ti ilu rēmēnû (7) šá si-pu-šú ṭābu a-šib ^{uru}gu-za-ni (8) bēli rabî bēli-šú ^{I}adad(U)-it-'i šakin māti ^{uru}gu-za-ni (9) apil ^{Id}šamaš-nūrī šakin māti ^{uru}gu-za-ni-ma (10) ana bulluṭ^{uṭ} napšāti-šú urruk ūmē-šú (11) šúm-ud šanāti-šú šullum bīti-šú zērēšu (12) u nišē-šú ana nasaḫ murṣi (13) šá zumri-šú ik-ri-bi-a ana še-me-e (14) qí-bit pi-ia ana ma-ga-ri ik-rum-ma (15) iqēš ma-nu arkû^{u} an-ḫu-su lu-diš (16) šumī-ma liš-kun ma-nu šá šu-me (17) ú-na-ka-ru u šum-sú i-šak-ka-nu (18) adad(U) qar-du lu-ú bēl di-ni-šú
(19) ṣalam ^{I}adad(U)-it-'i šakin māti ^{uru}gu-za-ni (20) ^{uru}si-ka-ni u ^{uru}za-ra-ni (21) ana ti-ri-iṣ ^{giš}kussî-šú arāk pa-lu-šú (22) qí-bit pī-šú eli ilāni u nišē (23) ṭu-ub-bi ṣalmu šu-a-te eli maḫ-(24)re-e ú-šá-tir ina pāni ^{d}adad (IŠKUR) (25) a-šib ^{uru}si-ka-ni bēl ^{i7}ḫa-bur (26) ṣalam-šú iz-qu-up ma-nu šá šu-me issu lìb-bi (27) ú-nu-te šá bīt ^{d}adad(IŠKUR) bēli-ia (28) i-pa-ši-ṭu-ni ^{d}adad(IŠKUR) bēlī akal-šú (29) mê-šú la i-ma-ḫar-šú ^{d}ša-la be-si (30) akal-šú mê-šú KI.MIN li-riš lu-ú la (31) e-ṣe-di 1 lim li-riš 1 sūtu (32) li-iṣ-bat 1 mē laḫrātu la ú-šá-ba-a (33) ḫurāpu 1 mē lâtu la ú-šá-ba-a mu-ri (34) 1 mē a-li-⟨da-⟩a-te la ú-šá-ba-a māru (35) 1 mē a-pi-a-te la-a ú-⟨mal-⟩la-a (36) tinūru eli tup-qí-na-te la-qi-te (37) lil-qu-te di-'u šib-ṭu (38) di-⟨li-⟩ip-te issu māti-šú la ipparrasū

310

(1) [א]מ֯ר . ע[דא .]וגזר֯[ ]
(2) [ב]ר֯[ה]ד֯ד֯ . אבי . יסק֯[. עלוה . בה]ת֯לחמה . בא x [.]
(3) וישכב . אבי . יהך . אל[. אבהו]ה֯ . ויעל . מלך י[ש]
(4) ראל . קדם . בארק . אב֯י֯[. ו]י֯המלך . הדד [.] א[יתי .]
(5) אנה . ויהך . הדד . קדמי [. ו]אפק . מן֯ . ש֯בע֯[ת .   ]
(6) י . מלכי . ואקתל . מל֯[כן . שב]ע֯ן . א֯סרי . א[לפי . ר]
(7) כב . ואלפי . פרש . [וקתלת . אית . יו]רם . בר . [אחאב .]
(8) מלך . ישראל . וקתל֯[ת . אית . אחז]יהו . בר [. יורם . מל]
(9) ך . בית דוד . ואש֯ם֯ . [. ואהפך . א]
(10) ית . ארק . הם . ל[ישמן   ]
(11) אחרן . ולה x [ויהוא . מ]
(12) לך . על . יש֯[ראל.   ואשם .]
(13) מ֯צר . על֯[.   ]

311

זי נתן הדר/ד למראן חזאל מן עמק בשנת עדה מראן נהר

312

I (1) [*זנה* .] *ספ֯ר֯* [. ב]ל֯ע֯ם֯ [. בר בע]ר . *אש֯* . *חז֯ה* . *אלהן* [.] ה֯א [.]
ויאתו . אלוה . אלהן . בלילה֯ [. ויאמרו . ל]ה֯
(2) כמש֯א . אל . וי֯אמרו . ל֯[בלע]ם֯ . בר בער . כה֯ . *י֯פע֯ל*[..]*א֯ אחראה֯* .
אש֯ . ל.[.........]*עת*
(3) ויקם֯ . ב֯ל֯ע֯ם֯ . מן . מח֯ר֯[..] ---[...]ל . י֯מן . -[........]-ה . ול֯ י֯כ֯[ל . אכל
. ויצ]ם [.] ו֯ב֯כ֯
(4)ה . יבכה֯ . וי֯ע֯ל֯ . עמ֯ה . אלוה֯ . וי[אמרו .] ל֯בל֯ע֯ם . בר֯ ב֯ע֯ר֯ . לם ׃ תצם֯
. ול]ם֯ . תב֯כה . וי֯א [.
(5)מר . להם . שב֯ו֯ . אחוכם . מ֯ה֯ . ש֯ד֯[ין ..... .] ו֯ל֯כו . ראו֯ . פע֯ל֯ת֯ אל֯ה֯ן֯ .
א֯ל֯[ה]ן֯ . א֯ת֯י֯ח֯דו
(6) ונצבו . שדין . מ֯ועד . ו֯א֯מ֯ר֯ו֯ . לש[מש .] ת֯פקי . סכ֯ר֯י . שמין . בעבכי .
שם חשך ׃ ו֯אל . נ
(7)גה . עטם . ו֯א֯ל֯ [.] ס֯מרכ֯י . תהבי . חת֯ . [בע]ב . חשך . ואל תה֯גי֯ . עד .
עלם . כי . סס עגר . חר
(8)פת . נ֯ש֯ר֯ . ו֯ק֯[ן] . רח֯[מ]ן֯ . יע֯נה . ח֯[סד . .... .] בני . נ֯צ֯ץ֯ . וצדה .
א֯פ֯רחי . אנפה֯ . דרר֯ ׃ נשר֯ת .

(9) יון . וצפר[.....]ין . ו[..........] ־ מטה . באשר . רחלן . ייבל . חטר . ארנבן
. אכלו

(10) [ע]שב . חפש[.............(.)]ן . שתיו . חמר . וקבען . שמעו . מוסר [.]
גרי . ש

(11) [...............]לחכמן . יקחך . ועניה . וקחת . מר [.] וכהנה

(12) [...............] לנשא . אזר . קרן . חשב . חשב . וחשב ח

(13)[שב . ...] ושמעו : חרשן [.] מן . רחק

(14) [.......] וכל . חזו . קקן . שגר . ועשתר . ל

(15) [..............]לנמר : חניץ . הקרקת . בנ

(16) [י . ...]־שן . אבדן . ועין .....

313

(1) חתם חזר בר (2) הדגבר כסף (3) שקלן 8 (4) זי ברק עלוה (5) בשלשה
(6) ירח סמנה (7) לאם כנני (8) שהדן שלמנעזרי (9) נדן נדהדד (10) פלדעזר
(11) שלמנתקן (12) חזר

314

(1) חתם . קשער (2) שערן 2 זי (3) שלמנרס . על קשער (4) בפלגהן . חצדן 2
(5) שהדן . חזר (6) אסלן . זרכן (7) אחלרם

315

(1) [חתם . ש]אל . ומיא . ופלטי (2) גברן זי כצר . מלכא (3) מן בני . זמן .
רהנן . אש (4) נסחא שמה . לשא[ע]שני (5) בתמן שקלן זי . כספא (6) ורשא .
בדן . שאעשני (7) הן . מרק לה אשא . כספא (8) במנה . ומנתא . רבה .
בפלגה (9) והן . אשא . פלח . לשאעשני (10) כלוא יהב סנב קרנה (11) מן ירמה
פמה חיי מלכא (12) ועדוה . יבעון . בידה (13) הן ל/יהתון כספא (14) יפדין .
אשא . מן י[ ] (15) מגל . בחצד . ינ/פ[ ] (16) שהד הדרמן בר[?] (17) ושהד
שמ/נע/זבד מלחא (18) ונממרא ושעזרי (19) וחסן ופלטאל מן תרבשיב
(20) מלשאבני מעשי[ו(?)] (21) חנן אפלדשגב בר ססלי

316

(1) כלבידאל ועזרנאל (2) אמהם שמו (3) קדם נסחנגהי (4) בלאם סרגרנר
(5) לאם הטעם תחם (6) ושקלו כלבידאל (7) ועזרנאל (8) כסף שקלן [ ]
(9) וזוז לנסחנגהי (10) ושמו שלם ביניהם (11) מן עלמן . ישב (12) [חי]י שהר וחיי
(13) [מל]כא שהדן (14) נס[ ]יב ועויד (15) ואדרמני (16) ו[..]דשיב (17) ואל[..]ן

317

(1) וכעת זא֯ איש זי ס[ל]ק (2) מן מת אכד֯ה יתנשג בבי(3)תה ובק֯ריתה ולא יאח(4)ד֯ [ולא(?)] ינתנ֯הי לבעל פקת מל(5)[כ]א מ֯רא ביתא זי על בב(6)יתה וחזן קריתא ובעל (7) פקתא֯ זי חזוהי ולא (8) אהדוהי לא יחיון

318

(1) אלה צלמה זי אלנף בר אשי (2) הו עבד לנפשה הומיתך (3) בל ונבו זי ארחא זנה (4) יהוה עדה איש אל יעמל

319

A. Aramäische Version

(1) בירח סיון שנת חד (2) ארתחשסש מלכא (3) באורן בירתא פגסוד[ר] (4) בר כתמנו חשתרפנא (5) זי בכרך ותרמיל אמ֯ר֯ (6) אתעשתו בעלי אורן (7) כ/ד֯ר/נ֯פ֯א֯ למעבד לכנדויץ (8) אלהא כבידשי וכנותה (9) ועבדו כמרא לסימין (10) בר כדורס ואיתי בי֯[ת] (11) זי בעלי א֯ורן יהבו (12) לכנדויץ אלהא ושנה בש(13)נה מן מתא יהיבן כסף (14) [מ]נה חד ופלג כמרא֯ זנה (15) זבח לרא֯ש ירחא נקוה (16) לכנדויץ אלהא וד֯בח֯ (17) שנה בשנה תור 1 וד/רמא (18) זנה שביק זי לה (19) דתה דך כתב זי מהח֯!סן אפ(20)הן איש מתום יהנצל (21) מן כנדויץ אלהא או מן (22) כמרא [ז]נה ויה֯⟨וי?⟩ מן כנדויץ (23) אלהא וכנותה מהנצל (24) ומן אלה⟨י⟩א לאתו ארתמוש (25) חשתרפתי ואחורן ⟨א⟩יש (26) מהנצל וא֯לה אלהיא (27) יבעון מנה

B. Griechische Version

(1) Ἐπεὶ Λυκίας ξαδράπης ἐγένετο Π(2)ιξώδαρος Ἑκατόμνω ὑός, κατέστη(3)σε ἄρχοντας Λυκίας Ἱέρωνα καὶ Ἀ(4)πολλόδοτον καὶ Ξάνθου ἐπιμελη(5)τὴν Ἀρτεμηλιν. Ἔδοξε δὴ Ξανθίοι(6)ς καὶ τοῖς περιοίκοις ἱδρύσασθ(7)αι βωμὸν Βασιλεῖ Καυνίωι καὶ Ἀρ(8)κεσιμαι, καὶ εἵλοντο ἱερέα Σιμί(9)αν Κονδορασιος ὑὸν καὶ ὃς ἂν Σιμ(10)ίαι ἐγγύτατος ἧι τὸν ἅπαντα χρό(11)νον, καὶ ἔδοσαν αὐτῶι ἀτέλειαν τ(12)ῶν ὄντων, καὶ ἔδωκεν ἡ πόλις ἀγρὸ(13)ν ὃγ Κεσινδηλις καὶ Πιγρης κατη(14)ργάσατο καὶ ὅσον πρὸς τῶι ἀγρῶι (15) καὶ τὰ οἰκήματα εἶναι Βασιλέως (16) Καυνίου καὶ Ἀρκεσιμα, καὶ δίδοτ(17)αι κατ' ἕκαστον ἐνιαυτὸν τρία ἡμ(18)ιμναῖα παρὰ τῆς πόλεως, καὶ ὅσοι (19) ἂν ἀπελεύθεροι γένωνται ἀποτί(20)νειν τῶι θεῶι δύο δραχμάς, καὶ ὅσ(21)α ἐν τῆι στήληι ἐγγέγραπται κατ(22)ιερώθη πάντα εἶναι Βασιλέως Κα(23)υνίου καὶ Ἀρκεσιμα, καὶ ὅ τι ἂν ἐχ(24)φόριον ἐκ τούτων γίνηται θύειν (25) κατ' ἑκάστην νουμηνίαν ἱερεῖον (26) καὶ κατ' ἐνιαυτὸν βοῦν, καὶ ἐποιή(27)σαντο ὅρκους Ξάνθιοι καὶ οἱ περ(28)ίοικοι ὅσα ἐν τῆι στήληι ἐγγέγρ(29)απται ποιήσειν ἐντελῆ τοῖς θεο(30)ῖς τούτοις καὶ τῶι ἱερεῖ, καὶ μὴ μ(31)ετακινήσειν μηδαμὰ μηδ' ἄλλωι ἐ(32)πιτρέψειν· ἂν δὲ τις μετακινήση(33)ι, ἁμαρτωλὸς <ἔ>στω τῶν θεῶν τούτω(34)ν καὶ Λητοῦς καὶ ἐγγόνων καὶ Νυμ-

(35)φῶν. Πιξώταρος δὲ κύριος ἔστω.

C. Lykische Version

(1) ẽke : Trm̃misñ : χssaϑrapazate : Pig(2)esere : Katamlah : tideimi : sẹñneñ-(3)tepddẽhadẽ : Trm̃mile : pddẽnehm̃m(4)is : Iyeru : se-Natrbbiyẽmi : sey-Arñ(5)na : asaχlazu : Erttimeli : mehñtit(6)ubedẽ : arus : sey-epewẽtlm̃mẽi : Arñ(7)nãi : m̃maitẽ : kumeziyẽ : ϑϑẽ : Xñtawa(8)ti : χbidẽñni : sey-ArKKazu-ma : χñta(9)wati : sẽñnaitẽ : kumazu : mahãna : eb(10)ette : Eseimiyu : qñturahahñ : tide(11)imi : sede : Eseimiyaye : χuwatiti : s(12)eipiyẽtẽ : arawã : ehbiyẽ : esiti : se(13)deliñtãtẽ : teteri : sey-epewẽtlm̃(14)mẽi : hrm̃mada : ttara-ha : meχbaitẽ : z(15)ã : ese-Xesñtedi : qñtati : se-Pigrẽi : (16) sẽñteñtekm̃mẽ : seyẽti : ϑϑẽ : sttat(17)iteli : setahñtãi : Xñtawatehi : χb(18)idẽñnehi : sey-ArKKazumahi : seip(19)ibiti : uhazata : ada : INOO : ẽti : tlla(20)χñta : Arñna : sesm̃mati : χddazas : ep(21)ide : arawa : hãtikm̃mẽtis : meipibi(22)ti : siχlas : sewayaitẽ : kumaha : ẽti (23) sttali : ppuweti : km̃mẽ : ebehi : Xñta(24)wataha : χbidẽñnaha : se-RKKazuma(25)ha : meiyesitẽniti : hlm̃mipiyata (26) mede-tewẽ : kumezidi : nuredi : nure(27)di : arã : kumehedi : seuhazata : uwad(28)i : Xñtawati : χbidẽñi : sey-ErKKaz(29)uma : mekumezidi : Seimiya : sede : Se(30)imiyaye : χuwatiti : seiyehbiyai(31)tẽ : tasa : mere : ebette : teteri : Arñn(32)as : sey-epewẽtlm̃mẽi : Arñnãi : mete(33)pituwẽti : mara ebeiya : ẽti sttal(34)i : ppuwẽtimẽ : ebehi : sewene : χttad(35)i : tike : ebineñtewẽ : mahãna : ebett(36)e : ebine : ñtewẽ : kumazi : ebehi : χtta(37)demeyẽ : tike : mepddẽ : mahãna : sm̃ma(38)ti : ebette : sey-Ẽni : qlahi : ebiyehi (39) pñtrẽñni : seti-deime : ehbiye : sey-(40)Eliyãna : Pigesereye : meiyeseri(41)hhati : mehriqla : asñne : pzzititi

320

(1’) זי . יהנס . אית . נצב[א] . ז֯נ֯ה֯[ ] (2’) בלחמה . או . בשלם . [כ]ל .
מה . מותנא . [ ] (3’) זי . הוה . בכל . אקרא . ישמוה . אלהן . ב[י](4’)ת .
מלכא . הוא . וליץ . הא . לאלהן . וליץ . (5’) הא . לחלדי . זי . בזעתר . שבע
שורה . (6’) יהינקן . עגל . חד . ואל . י֯שב ושב(7’)ע . נשן . יאפו . בתנר .
חד [.] ואל . ימלא(8’)והי . ויאבד . מן . מתה . תנן . אשה . וקל . (9’) רחין .
וארקה . תהוי . ממלח[ה]מ֯י֯ת֯ מר(10’)אה . פרע . ראש . ומלכא . הא . זי .
[ ]ד/ר/כ . (11’) על . נצבא . ז֯נ֯ה֯ . כרסאה . יהפכה . הד[ד .] (12’) וחלדי .
ושבע שנן . אל . יתן . הד֯ד֯ . ק֯ל֯ה֯ [.] (13’) במתה . וימ֯ח֯אהי . כל . לוץ .
נצ֯[ב]א . זנה